JN197412

マルクス、三島由紀夫、そして新井仁史

新井仁史　新井竹子

文芸社

目次

まえがきにかえて

いのち　――新井仁史のこと――

新井竹子

〝いのち〟失うと思った
六時間の手術
九日目に目をあけた
じっとあたりを見ている
そしてようやくわたしを認めた
わたしが母であるとわかった
五十五歳

〝いのち〟再びと
いうことか
現代医学が
〝いのち〟を復活させてくれた
「ありがとう」柴田先生

映像で見せてもらった時
脳に血がじゅわあとひろがっていた
「もうだめ」「もうだめ」
しかし、現代医学は
すごいなあ
再びの〝いのち〟をくれた

目が見える
耳が聞こえる
ちょっと話せる
なんと英語も使っている。

だけど歩くことは出来ない
でも車いすを動かせる
これでも立派な
〝いのち〟なんだ

だれかになにかをしてあげられない
お世話になっているばかり
それでも　それでも確かな〝いのち〟

現代医学のおかげの〝いのち〟
生きている
生きている
それでいい

深く高く学び続けたいのち
社会のよき歩みに
貢献したかったたいのち
自らを生かす場を求め続けたいのち

このいのち
どのように生きたらいいのか

現代医学に
生かされたいのち
迷いは深い

（2018年　8月作）

マルクスの思想

新井仁史

一章

思考の舞台

思想家は、何故思想家になったのだろうか。おそらくこの問いは、ほんとうならば、近代の思想家がすべて負わなければならない問いだった。ポール・ヴァレリーは、『テスト氏』の中で、「不可能事と可能事にわけることは可能か。この問いが人をテスト氏にしてしまうのだ」といっている。人を思想家にしてしまうといいかえてもよかっただろう。不可能事を夢みつつも、その世界を一つの夢の劇場に変化させてしまう、すなわち一冊の本にまとめてしまう、という試みに着手したマラルメが失敗したのは、その「近代」の思想家の反映たる詩の可能性を極限まで追求しつづけたあげく、自己がすべて演技する自己に他ならぬという絶望を生き抜き、そして同時に死んだからである。すなわち、あのジールス・マリアの賢人も、自己が永遠の道化にすぎないことに気がついていたのだが、彼にできたこともやはり、笑うこと、意味・無意味の二項対立を笑いで引き裂くことだった。そしてそれは必然的に距離と時間のパースペクティブを狂わせ、狂気のみを顕現させるのみだった。

カール・マルクスにおいて特徴的なのは、彼が詩から思想を出発させたという点である。父の、その卑屈でただひたすら社会（キリスト教）にひざまずき、息子にもそれを要求する哀れさを嫌って、ギリシャ的な感性が養われていった。当時キリスト教が公認の宗教であったドイツの市民社会において、これは異端であるといわねばならない。もう何十年かたち、近代というものを、キリスト教や人間の本質（フォイエルバッハ）で再興させようという試みを、意味のないところに「意味」を求めるあわれなニヒリスト達とけなすニーチェは、まだ出ていなかった。ニーチェが18世紀末に、それらあわれなキリスト教道徳がいかに権威として人々の頭上にのしかかっていたか、いかにそれが自己の欲望を満足させえないものであり、他者と自己の内部に向かってはなった憎悪と妬みの矢にすぎなかったかを、暴き出すだろう。しかしそれは、世紀末のことだ。キリスト教圏において、ギリシャ的なるものが異端であり、デーモンの子でしかありえないことは明らかである。美は、悪魔的であるからこそ人を迷わし虚ろな虚無へとさそいこむのだ。筋肉のたくましさや、人々の意志の徹底性を、あくまで歌いあげて、一大モニュメントを、成したギリシャ文明が文明化され、人々の直接的に目にみえる欲望が、見えざる内部へとその舞台を移され、「愛」という教育装置としてキリスト教が再興された当時、ドイツにおいてギリシャ的なるものを歌い上げるほど、異端なことはなかったのである。しかし、カール・マルクスがそのようにギリシャ的な詩を歌いあげるには、当時のドイツには、それに相当するギリシャの神々が存在していなかった。神々は沈黙したまま、マルクスは神々が褒めてくれないところの自分のあまりにギリシャ的な言葉をみて、その虚ろな形骸ぶりに途方にくれたとしても言い過ぎではない。彼は、彼の最初にして最後の恋人たるイェニー・ヴェストファーレンに手紙を書いている。

……僕が、貴女のもとを去ったとき、ある一つの新しい世界が僕に開けていました。それは、恋の世界、初めから憧れに酔いしれた希望のない恋の世界でした。……現在と何の接触点もなく、修辞学的な省察があるばかりでした。

詩というものが、普遍的な神々にささげられた超時代的なものでなく、時代の子にすぎないこと。その時代の人々の観念を大袈裟に膨らませて演じた身振り手振りにすぎないことに、マルクスはいやおうなしに気がつかされてしまったといえるだろう。ギリシャ的な資質を持ち、父・オイデプスというギリシャ的な反発の枠組みに人生の最初期から固執していたマルクスの資質は、恋愛においても当時のエバンゲルシュ的な形態をとりえず、ただひたすらギリシャ的なるものの周辺を漂うしかなかった。それは、言ってみれば、個人というものの尊厳を高らかに歌い上げるギリシャ悲劇の主人公に、マルクスは自らを自己劇化していたといってよいかもしれない。

希望のない恋の世界……と彼が書くとき、現実とよばれていたものは、明らかにその階層秩序を失い、青年の目には、ただの「観念」によって消されかかった「自然」が見えたのである。悲哀というようなキリスト教的な心情の生成発展もみせないまま、彼の魂は宙を漂うた。のちに彼が、デモクリトスとエピクロスの差異を問題にするとき、唯心論か、唯物論かを、新たに問題として提出している。唯物論をとってしまえば、マルクス自身は決定論者となり、これ以降自己と社会について省察を巡らすことはなかったろう。唯心論をとってしまえば、彼は、ギリシャ的に顕在化した「自然」をめでることはできなくなり、詩とともに情熱・反抗のみをかてとしたあまりにも近代的な情熱は、あたかもヘーゲルにおける精神現象学のように教育しなおされ、堅固にできた、市民社会という約束ごとによってなりたったわくぐみを見出しただろう。しかし、カールは、そのどちらにもくみすることができなかった。何故か。のちになり、彼が一応出たところの「市民社会」の教養というものが崩れ出したとき、プロレタリアートという、法関係からはみ出されたものを見たと信じたのであるが、そのころの彼には、まだ自己のロマン的心情を現実の社会の動きに関係づけるだけのゆとりはなかったわけである。とすれば、イェニー・ヴェストファーレンがそんなにもマルクスの心をとらえていたため、彼は社会の約束ごとを守ることにより、市民として成熟しようとする道を断念したのだろうか。このときの青年マルクスの身の処し方には、非常におもしろいものがある。なぜならここにおいてこそ、思想家が、思想家になってしまったという悲劇、あるいは喜劇が潜んでいるのであり、…この劇が徹底的に悲劇的なものになるには、たぶんどちらか、イエニーかマルクスの自殺が必要であっただろう…その両端の揺れ幅の大きさが、時代の揺れ幅とかさなったとき、この本来厳粛であるべき法のおきての下での男女関係の死を孕んだからみあいが、死に至るべきヨーロッパ・ブルジョア社会の喜劇として、マルクスの目に映り出したのである。だが、それは、もっとずっとあとになってのことだ。マルクスは、とにかく、当初の自己犠牲的な心情と、その逆としてのギリシャ的なヒーローへの道を、二つながらに諦めねばならなかった。これ以降思想家マルクスの問題として与えられてしまったものは、キリスト教である。なぜならキリスト教こそが、自我…他我の力関係を中心に、その対立を和解せしむるという当時のイデオロギー（ヘーゲルを、ふくめて）であり、自我が社会の法のまえに完全に敗れさったマルクスは、ここではじめて、法とは何であるのか、何故法は、人間の作ったものであるにもかかわらず人々を支配してしまうのかということについて、考察しなければならなかったのである。その場合カント以降の近代…あるいはルター以降といっても良い…の作法にのっとって、法は、個人の内部に烙印を押していた。より多くの烙印を押されて苦しんだのは、おそらくイェニー・ヴェストファーレンの方であろう。彼女の魂は、その欲情と、内在化された市民社会との倫理の対立に燃え上がり、ほとんど狂気の域にまで達したのにちがいない。イェニーが、クリスチャンであることを止めるのは、マルクスによりフォイエルバッハを読まされてからである。だがマルクスは、キリストを信じはしなかった。もし信じていたら、自我が市民社会にすいとられてしまい、それが超越的な国家（キリスト教国家）で統一するという、ヘーゲルやルソーと同じようになっていたろう。しかしマルクスのその炎のように燃え上がった恋愛は、やがて抽象的な意識の問題にまで還元され、なぜ男女関係において…その二項の関係において…第三項たる社会の倫理や法という意識が出てしまうのかに首をかしげたのである。まずはじめに、イェニーにたいする驚きがあった。そしてその驚きが欲望に変わり、行動に変わろうとしたとき、彼マルクスには、いままで見えなかった法とか倫理とかいうものが一挙に見えたのである。それは、存在しているものではなかったが、人間を縛り、それによってしか人間は行動しようがないものだった。もしそれを破ったのなら、負い目は自分自身の意識に内在され、生きながらに共同社会から疎外されるような、そうした法であった。だがしかしその法をみつけたとき、マルクスは、同時にその「法」があとからきたものであること、偶然とまではいかないが、力関係でどうにでもなるものであったことを直感したのである。たしかにどうなるかは自分自身にもわからないものであったにちがいない。ギリシャ的自然という、ありもしないものを、恋愛を通じてかいま見せられ、社会から垂直な力で下に疎外されたマルクスにとって、今度は法の言葉により動いている社会自体を、疎外されたものとして見るようになったのである。ヘーゲル法の哲学の中に権力問題が潜んでいるのを、マルクスが見逃すわけはなかった。二者の関係が対等の場合のみ友情が成立すると言ったのは、フリードリヒ・ニーチェであったが、マルクスは、法というのが、まずあるところの力関係に、垂直の力で、それを内在化させ人をその市民社会に編入させるというメカニズムを、見て取ったのである。ゆえに、法があって人間があるという階層秩序は逆転される。はじめにあったのは、二者の関係であり、その関係が逆に見えない三項としての法を要請したのだと。はじめに法ありきの立場を、逆転したマルクスは、しかしおとなしく法をやむをえず出てきた第三項として容認していたわけではなかった。彼は、その法を、外化された自己意識としてとらえ、結局法の言葉は神の言葉ではなく、それらはむしろ逆に人と人の力関係から出てきた偶然で物理的なものだとしたのである。だからマルクスにとって「ユダヤ人問題」とは、ユダヤという人種の問題ではなく、自己と他者の関係を、貨幣を媒介とした権力問題としてとらえ、ユダヤ人が貨幣のみを求めるのは、そのような社会（資本制）を作ったものに「原因」が、なければならないのであり、それは、実は、資本制の問題を一番典型的に示した者としてのユダヤ人を考えるのでなければいけないと、問題のランクを逆転させたのである。ユダヤ人を資本制の典型として説き、貨幣を二者をはさんだ権力関係の外化されたものとしていたとき、マルクスは、ヘーゲルを超えたわけではなかった。倫理が先で行動はあとというヘーゲルの階位を、貨幣が先で行動はあとというようにおきかえただけであり、論理学的には、ヘーゲルを完全に踏襲していたのである。それはまた、自己と他者という枠組みをあらかじめ設定している点で、様々な近代思想と同じだった。マルクスがいつもルサンチマンによって、世界に憎しみを燃やしたといわれるのはこの点であって、彼は、ヘーゲルを裏返しにすることによって、原因自体である貨幣の起源について考察することになる。

経哲草稿……ここには、レトリックとしては、ヘーゲル以外のなにものもない。彼は、主人と奴隷の弁証法のかわりに、地主……被雇用者の関係をおくだけであるし、また言葉が魂を表すという、ヘーゲルやルター的な、近代にたいして貨幣が力をあらわし、それは自己の内面の力の現象化であるとしているのである。それらの貨幣をうばわれたプロレタリアート、つまり貨幣＝抽象的な神となった資本制に対して、その支配を破るために、その貨幣を搾取されているところのプロレタリアートが立ち上がるというのである。これは裏返しにされた精神現象学だ。自我の高揚が高揚を呼び、最終的に世界の支配者となろうとしたとき逆転して従うもの…法に従うものとして、抽象的な他者＝社会を内在化させる現象学とは逆に、マルクスは、自我＝ブルジョア国家の搾取が、搾取を呼び、ついにはその支配されていたところのプロレタリアート（下意識）が勝利するというのである。しかし、これについては、意味を排除して論理学的に考えても誤りがある。なぜならヘーゲルの論理学をそのまま踏襲していれば、その逆転された自我たるプロレタリアートの勝利も逆に、その敗北におわらざるをえないというメカニズムがあるからである。実は、マルクスの経哲草稿は、今日同時代人としてのキルケゴールやヘスなどを読みくらべられる我々の目からみれば、その時代に支配的だったイデオロギーを、すこしも超えるものではなく、むしろそれに忠実であるに過ぎなかった。たとえばキルケゴールは、『不安の概念』により、結局人間の自由領域が人を選択の不安におちいらせるのであり、その領域に神を座らせることにより、決定論的に救済されようとした。だが、不安はキルケゴールから去ることはなかったのである。とすれば、その彼の論理自体が、全然、おのれの狂気のメカニズムを排除するものではなかったのだ。それと同じように、マルクスの経哲草稿においても、プロレタリアートの勝利という物語自体が、現実の社会の恐慌を、すこしも排除するものではなかった。同時代のこの二人の思想家は、ヘーゲルに対抗して、あらたに、一方はプロレタリアート、他方は実存に神の座を渡そうとしたのに、逆にその道を失い途方にくれてしまったのである。これは、ヘーゲルの精神現象学の理論が、キリスト教というよりも、むしろギリシャ的な円環からきた異教徒的なものだったという点に問題がある。

ヘーゲルの論理学をそのまま踏襲しただけで、国家＝神の座を、新たに個人あるいはプロレタリアートに移した彼らは、おそらくこのとき、自己の論理学の範疇が現実をすこしも描写していない閉じられたものであったことに気がつき、愕然としたはずだ。それはまた逆に、閉じられた円環に入れない排除された作者自体の今後の選択を宙づりにして、時代というもはや盲いたロゴス（それにたいして、ヘーゲルのような最奥部の理性をマルクスとその時代は信じられなかった）には到達不可能なものが、荒々しく彼らを押し流すのを見たはずだ。キルケゴールは、結局、そのような時代の極端に観念化された不安をロゴスで語ることにより、時代の疾病の象徴たりえただけだった。後世の人々は、彼の残した、今ではなんら共感を呼びおこさないであろうむくろになった言語に、過ぎさった一時代…それもキルケゴールという病める肉体に映ったそれ自体、実存者なしには存在しなかった影の領域…の足音を、聞くことができるのみだろう。つまりキルケゴールは、体系に実存を対立させて、ヘーゲルを超えたと思ったと不幸な意識という概念にとらわれていたのみだったという逆説を残し、あとは不幸な身振り手振りを彼の愛好者の一部に演じたままついえさったのである。だが、マルクスは、あいかわらず時代の狂気を生きつづけなければならなかった。彼は、キルケゴールのように単なる時代の顔…それは、見ようと思う人にしか見えない…として、思想史の一つの額縁を飾ることにより終わってしまうような思想家ではなかった。かつて、そう、まだ古くもない青年時代、自己の恋愛という事件が、ギリシャ的詩人たることの不可能性という詩と現実の対立を生き抜いた彼にとって、今度は、自己の論理学と時代とのギャップを生きなければならなかったのである。ここに我々は、マルクスの第二の挫折を、見るべきである。

二章

閉じられたイデオロギー批判

第一の挫折は、まだ自己の資質を発見していない古代ギリシャ的心情を持つ若者を一気に襲い、そして詩の死とともに人間マルクスを生み出してしまった。それはいきなり外にさらされた、異端児の魂の裸行の横死であり、その額には、わずかにヘルダーリンの聖なる言葉が押されていたかもしれない。しかし、それはそれだけのことだ。それにくらべて、今度の思想家カール・マルクスの挫折には、深い時代的制約が押されていた。市民社会のキリスト教原理を体現していたかのような、弱よわしい父親を嫌って飛び出した一介のならず者のマルクスは、今度は、市民社会から見ればとほうもなく「異端」に見えたプロレタリアートの群れの前で、絶句したのである。「前も、似たような経験をした……」とマルクスは、一人呟いていたにちがいない。そのマルクスの目に、若かりし頃イェニーとの絶望的恋愛の中で、それを詩に昇華させても、すこしもたじろがずに意味なく横たわっている自然（それは、もしかしたら、彼の内部にあったものだったかもしれない）に、驚いたように〝イデオロギー〟によって教育されようとしないプロレタリアートを見て、絶句したのである。あれほど、近代のイデオローグたちの空言を批判しつづけた彼が、ついには、自分の言葉自体も空文句にすぎなかったことに気づかされたのだ。それは、いきなり時代の外圧に晒された無垢な思想家の死であった。いままで、生き生きと映っていた自己の言葉が急に死んだものとなって、うつろな悲しみをもって彼の目に映ってきた。どうしてこんなことになってしまったのだ。いままで自明のことと信じていたのは、概念における世界了解の可能性というプラトンからヴェーバーに至るまでの西欧の知をつかさどっていたあるアプリオリな了解だった。ヘーゲルの精神現象学が、知の形態に変貌した権力欲の表れであったことを、マルクスが批判したとしても、彼は、新たにプロレタリアートのイデオローグとなろうとすることにより、権力と密通していたのである。思想家カール・マルクスは、こうしてまだ彼が青年の域を出るか出ないかのうちに、時代の狂暴な足音により強引に引き裂かれてしまったのである。だが、このことは、彼のうちで、思想というものの占める位置を徹底的に変えたのだ。また同時に、芸術のしめる位置も。たとえばハイネのように、労働者を褒めたたえる詩を作って、時代に一石を投じたと考えるという立場に、これまでのマルクスは、立っていたといえる。それは、ヘーゲルがロマン派であったという意味でロマン派であった。あくまでも、時代の中の深い理性を信じるという意味で、オプティミストであり、一時代の顔に過ぎなかった。時代の足音に敏感に反応したにすぎないのに、みずから時代の理性を体現していると信じるもっともらしい顔。マルクスの自己解体は始まった。彼は、詩が、人間を決して至高者に持ち上げてはくれずに、詩からはじきだされてしまって仮死状態に陥るのみだということを学んだように、思想から弾き出されてしまった。「どうして」

という問いは、今度は、「何が、その問いを、生んだか」というふうに変形されてしまった。「どうして」…その問いが、人をテスト氏にしてしまうとヴァレリーは書いたが、問い自体がなにかのシンドロームであることに、彼は気がつかなかった。ヴァレリーは、問うことが、結局、狂気に至る道でしかないことを、身をもって生き抜いた近代人だったが、彼には、ギリシャがなんのくもりもなく見えたのである。だがマルクスにとってギリシャ的なるものは、単なる修辞学にすぎず、それは現実と対立して飛び去ったのである。

ギリシャ的なロゴサントリズムは、これ以降マルクスによって破られる。円環は、閉じられずに開いたまま、現実という名づけようもない暴力に犯されて漂いつづける。美による救済というギリシャ的モチーフは、悪魔的、瞬間的なものとしてイデオロギーと同様に発展性のない閉じられた死物として、有効性の観点から断罪される。書字は、現実を描写しようとしながら、たえず人間的現実から遠ざかりそのある一点で、意味を破壊させる暴力となり、その観念は、現実に穴を穿って人を溺れさせるというカイン的レトリックとなりはてる。言葉は、最初にあったというヘーゲル的なモチーフは解体され、逆になんらかの疎外の表現体にすぎないということになる。観念こそ死であり、観念にとらわれることにより人は盲目となる。カントの外部世界への到達不可能性は、かくして内部への到達不可能性と読み替えられつつ内部・外部の二項対立を廃棄する。そこで新たに言説の成立自体が問題となり、様々な言説がなんらかの結果として、マルクスのメスの下にその言語を置くことになる。絵画、造型美術などが、人々の歴史の中で象徴的なものとされることよりも、むしろ、それらを生み出した時代的疎外が、それを在らしめることになる。普遍的な美という基準の廃棄とともに、結果としての作品が、普遍的美を狙ってしまうという逆説の中で、再び言語芸術は蘇る。

美と意味、倫理の対立、倫理的な美と行動・現実の対立。

これらは決して解決されることなく、無時間的な事件としてマルクスの考察から食み出てしまう。僧侶階級の出現とそれが逆転して、イデオロギーとして機能する。

ここにおいて確立されたのは、情熱的な文体とそれにみあった形での人々の演劇的身振り手振りが、その興奮の冷めたあとでは、単なる古ぼけた絵画の一こまと帰し、人々が、今自分が歴史の中でどんな役割を演じているかを十分知っていると思い込んでいるのとは全然別のところで、本当の歴史が動いていたということであった。

歴史を動かす動因として、個々人の輝ける時代に関与しようとする意志を高らかに歌い上げたのが、いうまでもなくフランス革命であり、それは歴史学というよりも歴史と文学と哲学がまだ未分化なドイツにおいては、ロマンティークなものとして、人々の魂を奮い立たせたのだ。しかしながら、そのようなドイツ市民たちの熱狂は、7月革命や2月革命の状況を知るにつれて、幻滅の方向を辿ることになる。そしてそのときドイツの思想家たちが直面しなければならなかったのは、ヘーゲルに代表されるような、個を殺して全体化する歴史の理性に従うという、ロマンティークな史観との訣別だった。個人と社会というものを融合させようという試みは、ドイツ文学の伝統的スタイルであるビルディングス・ロマンという領域において、しばしば試みられてきた。ゲーテの「ウイルヘルム・マイスター」などはその典型である。しかしでは、なぜそのような個人が社会に再び帰り、社会の中でこそ自己の真の力を生かせるという物語を、それらの作家たちはあえて書かねばならなかったのか。池田浩士は、『教養小説の崩壊』の中でつぎのように述べている。

……〈私〉と社会とを、隔てる深淵は、教養小説だけに、特有のものではない。近代市民社会とともに、成立した文学形式たる近代のロマン一般が、この深淵によって特徴づけられる。中世の共同社会から、解放された個人は、帰属すべき社会そのものを、失ってしまった。……池田氏は、以上のように書いたあと、教養小説は、近代個人主義が社会との絆をどこにおいてよいのかわからなくなってしまった危機状況によって生まれたものであり、それは、ゆるやかな教養の形成などではなく、非常にデモーニッシュで危ないものだったのだと論をすすめている。

ヘーゲルの精神現象学が、あたかもルソーの自意識過剰な魂が逆に自然な心を生み出すという逆説と同じように、個人の内面での美しき魂の完成が、最後のところで神を見出すという点で一つの教養小説となっているのは、当時のドイツの市民社会をうけいれての事だった。たとえば、キルケゴールが、『現代の批判』において人々が偉大な行動をその反省的意識の故にとれないとして、時代の矮小さを批判したとき、自己と社会を対立させるという、ロマン派のカテゴリーで考えていたのである。いうまでもなく、経哲草稿においてマルクスがやったのは、そのような美を情熱を歌うロマン派自体が、現実の経済恐慌によって破綻するという暴露だった。美は、ここでは、真なるものではなく悪魔的なものとなる。なぜなら、労働者の動物じみた生活の上にそれが成立しているから。古典派経済学は、ひとつの階級のためのイデオロギーとなる。なぜならそれは、労働者と資本家というものが出現してしまった歴史的プロセスを見ないで、労働者自身の生きるために必要な、財を得るためのひどい環境適応を見ようとしないから。ここにおいて、マルクスのこの試みを、ちょうど彼と同時代のギュスターブ・フローベールが『ボヴァリー夫人』において、ロマン派から自然主義へと転向したのと似た形を、マルクスにも見ることができる。ロマン派が、結局、市民社会の現実を見ることをせずに、美や教養のみの魂のプロセスを描いたのに対し、自然主義は、そのような美や美しい魂が現実世界には存在せず、あるのは、計算上手なブルジョアだけだということを、そのシニカルな筆で描かねばならなかった。そしてフローベールが、書かされてしまったのは、そのようなブルジョアジーの勝利であり、美の側の敗北であった。それは、夢みる個人という前時代の遺物の敗北だったのである。ちょうどそれと同じことが経哲草稿にもあったことは、前にもふれた。この労働者の疎外を、理論上はともかく、文学的タッチで生生しく描くことにより時代の生んだ産物としてのプロレタリアートが勝利するという物語を語ってしまったがゆえに、ロマン派であった。なぜなら市民社会に反逆する個人という考えと、市民社会を倒すプロレタリアートという考えは、似たりよったりだったからだ。それは、ドイツ近代の崩壊過程の生んだ一つの仇花だった。マルクスが、そのようなロマン派と自然主義の奇妙な混合というカテゴリーを抜け出したのは、自己の言説が、いかにドイツ的、あまりにもドイツ的であるか、そして、それがいかにただの文学的修辞にすぎないかを自覚したからといえる。『ブリューメル18日』で「歴史は、繰り返す二度目には、しかし喜劇の形で」と言ったとき、人々が歴史上演じている、あるいは演じていると考えている役割りなど、実際には存在しないことを見ていたのである。マルクスは、ドイツ・イデオロギーの中で次のように言っている。

「日常生活では、どんな商人でも、ある人が自称するところと、その人が現実にあるところとを区別することを、非常によくこころえているのに、我々の歴史記述は、まだそのありふれた認識にも達していない。それは、それぞれの時代が自分自身について想像するとおりのことを、そのまま信じている。」

　歴史を動かす想像的主体のようなものが存在しているという仮説を、マルクスは退けている。このときマルクスに見えてきたのは、恐らく、いかなる問題を考えるにも自己意識にひとまず包接してしまわないと気がすまないという、ヘーゲル的な思考パターンの不自由さであり、また、概念と対象が自己意識の内部から抜け出せないままに自己の頭の中に吸収されてしまうという、近代的アポリアであったといえる。個人の夢が全宇宙を吸収しつくしたかにみえる点で、結局外部世界への到達不可能性を説いたカントや、それの動態化を試みたヘーゲルが、結局のところ自己自身の位置を、社会…内…存在からはずれたものとして定めざるをえなかったとき、その思想は、反転して彼らの目のみに映った幻のごときものになりはてはしないか。それらは、たぶん正確に、客観描写を試みた叙事的な文学から、ありもしない個人の幻想の消滅過程を描いた『ボヴァリー夫人』への移行と一致している。それは、他者が永遠に存在せず、ただ自己意識の思い込みに映った像のみを問題にしている芸術と同じものであり、むしろ時代の陰画なのだ。意識というフィルターを、通して見たものを、むしろ逆転したもの、行動からはずれた孤立した目が見た陰画ごときものとして考察する地点に立ったとき、マルクスは『初めにロゴスありき』というヘーゲルの自己意識から逃れることができた。彼は次のように言っている。

かくて道徳、宗教、形而上学その他のイデオロギーおよびそれに対応する意識形態は、もはや独立性のみせかけをもたなくなる。それらはなんら歴史を持たず、なんら発展もない。むしろ、彼等の物質的生産と彼等の物質的交通とを発展させつつある人間が、彼等の現実とともに彼等の思考を変えていくのだ。…ヘーゲルにおいて特徴的なのは、資本主義的所有形態にいちいち倫理的な理屈をつけて、世界を自己の生産した概念で覆ってしまおうという試みだった。それは、固定化された、思考するドクロ〈ヘーゲル〉のみに映った影のようなものであり、その思考とは別のところで現実が動いていたのである。それは、一つの閉じられた思考だった。「目の前の無意味なものを、なにか他の妄想に解消させること」それのみに専念してきたドイツの歴史家たちは、裁かれて、そのように現実を表象の世界に変えてしまう手品が、ただの文学イデオロギーとして社会の生んだ疎外態としてかたづけられる。

言葉についても同じことが言えるだろう。言葉による世界了解というのは、逆転され、むしろ自己意識とか不幸な意識とかいう言い回しを生んだ物こそ、社会と人間の距離がわからなくなってしまった当時の知識人たちの不安の象徴であり、病理であるという立場の確立であった。ここにおいてマルクスは、国それぞれに思考様式は違っているが、そのことによって思考者自身が自己の言葉から現実に到達できないというジレンマにおちいっている状況を照らしだした。「イギリスやフランスでは、商業の歴史や政治について書くことをすでにしているが、ドイツはそれをやらなかった」と書く時、マルクスはその罪を思想家に帰すのではなくて、まだ完全に資本主義化されていないドイツにおいては、人々がその必要性を感じないのだというふうにみている。そして、貨幣というものが、流通貨幣として、一般の社会生活を支配するようになるやいなや、父とか子とかいった封建制的な枠組みにおける意味づけが消え、人々は自己を偶然の存在と感じるようになる。だが、それは、法という二者の商業取り引きによってむすばれている。そのときブルジョアジーのその不自由な関係を自由に突き破れるのが、プロレタリアートという存在だというふうに論理展開がなされる。また歴史を動かす想像的主体を設定せず、原因…結果系列で歴史の発展について述べようということは、避けられている。むしろ商人とか異文化圏の国々の侵入が、もとからあった生産力と生産関係を強引に変化させ、人々の思考形態をもかえていくというのである。これは、ヘーゲル流の弁証法の否定として理解されるべきであろう。つまり、ヘーゲルにおいて、概念の動態化により、カント的アポリアを止揚可能たらしめたかに見える地点で、マルクスはその手品を見破るのだ。交通という、他者異文化の流れ込みが、人をして強引に変形させるというように考えられたとき、絶対知というような概念は、スタティックで自己完結的な欺瞞となる。

新たにマルクスは、その物質的交通を媒介とした他者との関係が、たえず自己を革新し、古くなったシステムを変形させるといっているのである。そしてここでは、その交通という出来事は、原因でも結果でもないあらかじめ哲学によって認識することの不可能な一事件としてあらわれる。精神というものを、自己に内在している、あるいは自己意識の反映としてみたヘーゲルとは逆に、いやおうなしに新しい関係の中に組み込まれてそこで生活手段を産出しなければならない、人間という非主体化された場を見たのである。

物質とその意味

マルクスがイェニーとの恋愛のただなかで「見た」風景を、もう一度思い出そう。……ベルリンへの旅も、他の時でしたら僕を魅了し、僕の自然研究を刺激し……なぜなら僕のみた岩石は、僕の感情以上に索漠でも険阻でもなく……。

この岩石という言葉には、注意を要する。岩石はキリストの比喩である。「マルクスにおいて特徴的なのは、詩からその思想を出発させたことである」と私は前に書いた。詩は、いつの時代でも、その時代の人々の抱いていた観念がより強調された形態である。超越的なものを得ようとしたカール・マルクスは、そこに修辞しか見ないと書いたとき、おそらく自分の内部の感情を外部に移行させて、木々や花々に新たなイデア界の影としての意味を付け加えようとする『死と再生』というギリシャ的恋のモチーフも、ヘーゲル神学的魂の救済も二つながらに拒んだ彼は、そのとき超越世界の存在を拒んだのだ。それは、ニーチェにおけるプラトニズムの転倒のようなものだったろうか。背後世界を信じるのは、現実世界でなんらかの挫折をした人間の救済策であると、彼は言っている。物ごとの現象の裏に、なにかの本質が隠れているかのように考えるのは転倒していると、ニーチェは言ったのだ。〝初めに言葉ありき〟というとき、言葉が、なにか内部に言霊を含んでいるかのような錯覚が、背後世界を見させるのであるというように。だが、背後であると考えていたものが、現象界で起こっているとしたらどうだろう。超越的なものを、断たれてしまったマルクスは、世界…内…存在としての人間とそれが働きかける世界について、再び考え直さねばならなかった。そしてその記述は、主体として観察する自己を世界から分離して考えうると信じている、ニュートン以来の世界観を変えたのである。また、驚くべきことは、実存者と実存者の間に裂け目を作らざるをえないハイデガー流の存在論の地平をも超えていた。我々は「ドイツ・イデオロギー」において、概念自体が産出される場である「市民社会」の物質的条件をおおいかくしてしまう哲学言語の批判をしたマルクスをみたが、今度は彼が、その物質的過程というものがいかなるものであるかを描き出す様を、『資本論』で見ることにする。

三章

あらたな、存在論にむけて

あえて文学的比喩を使わせてもらうならば、『資本論』においてはじめてマルクスは、従来の古典派経済学が記述することが不可能だったその歴史的移行形態のモデルを示したのであり、また人間と世界というギリシャ的存在論のジレンマからも、超越者（見えないもの）による人間の意味の形而上学化からも免れるような論理学を発見したのだ。

だがそれは、ヘーゲルそのままであるかに見えるところで神を殺してしまったという点で、本質が存在するかのような仮象を生み出す場をあきらかにしたのである。そしてさらに付け加えておけば、私は、この場を、物理学における場と等しいようなものとして語っているマルクスを見出した。

つぎに『資本論』について語らねばならない。「経済学にしては、形而上学的すぎはしないか」という問いは、『資本論』が出版された当時からなされていた。だが我々は、マルクスが〝経済学〟の本を書いたのではなく、サブタイトルにもあるように〝経済学批判〟の本を書いたということに注意するべきだ。それはマルクスの若かりしころからの視点だったからである。ここで私は、吉本隆明的に、なぜマルクスがその初期において、類的存在としての人間という概念について自分なりに考察することにより、彼が、存在論としていつも人間を扱っていたことを述べてみよう。それには、経哲草稿にもどらねばならぬ。経哲草稿において〝人間の自然〟がどれだけ人間的になったかは、男が女に対する関係の中に表れていると書いている。我々は以前に、ロマン派と自然主義の混合物としての経哲草稿について考察した。つまりそこでは、ますます飢えていく労働者というカテゴリーを、人間的自然から疎外されているものとして規定して、本来あるべき姿の〝人間〟を復権させるというモチーフを、それに読んだ。〝労働〟は、そこでは疎外でなく、人間的本質の解放でなければならない。だが、それは、労働者と雇用者が一見自由に契約を結ぶかにみえても、実は、無産階級としてのプロレタリアートの悲惨を生み出している〝歴史過程〟が存在するということを、覆い隠している。近代市民社会において、貨幣の自律的な動きが、従来の枠組みを突き崩し、土地というものの生産物を新たに商品として、〝自然〟の生産力という重農主義の学説を破るようにマルクスの記述による商業化が進んでいくということは、自分たちの社会が、永続するものでなく過程にすぎず一つの形象形態にすぎないという自覚をうながした。…歴史を押し進める力を、見出さなければ、現実の動きの現象はわかっても、その本質はとらえられないという危機に、古典派経済学はみまわれた。そのような中で、個としての人間と類としての人間という分割は実は不可能だといっている。マルクスは、類という考えをもちあげることにより、古典派経済学のように労働が価値を産出するという抽象に異を唱えられる立場を確立した。〝労働〟

というのは一つの抽象であり、そのようなものはどこにもありはしない。労働力が価値を生むのである。そして労働力という考えが、恐慌を考察するにあたって人口論とのからみで問題になってくるとしたのは、宇野派であった。しかし、今はとりあえず、抽象された労働に基づく古典派を、ひとまず批判するために人間としての経済を考えた、経哲草稿を問題にする。なぜ、類と個に分けねばならなかったか。だが実は、マルクスはこれを分割したわけではないのだ。彼は言っている。「類的活動と個的活動は、分けられない」と。近代において問題となったのは、個人と社会の対立ということだった。マルクスは、逆に、個人としての個人は、存在しうるのかと問うているのだ。「自我というものは、やはり社会の関係の総和に過ぎない。」（ドイツ・イデオロギー）だとしたらヘーゲルやルソーの問題とした内面というのも、実は外部なのではないか。マルクスが恋愛をしたとき見た風景が、はたして認識主体の側にあったのか、客体の側にあったのか、それをどう区別できるだろう。心というものを、個人の内部に存在するものとした近代思想は、各々の個人の中に神とか国家という超越者を入れこませることにより、市民社会の秩序の維持をはかろうとした。だがしかし、個人は、他人との関係の中でのみ人間として成熟するのである。……精神分析学において、分裂病患者は、自我が自我であることの自明性がもうわからなくなってしまった人間であると指摘している。そしてある精神分析学者は、精神病者は、自己を捨ててこそ自己が生きるという逆説を理解できず、ひたすら「自分はいるのか？」という問いを自己にさしむけることにより、かえって自己の存在が信じられなくなるのだと言っている。だとしたら、個人というものを〝ある〟と仮定して、それを、社会に再び編入させるための思想というのは、徹底的に、転倒しているといわねばならない。個人は、もともと社会的にしか存在し得ないのに、自我は、そのような関係を、拒否するのだ。そしてそれを、また社会化するために思想が必要なのだとしたら、その思想とは、人間の歪みの反映以外のなにものであろうか。

　だが、注意しなければならないのは、近代の資本主義の所有形態が、そのように、社会から独立した個人が存在するかのような前提のもとに書きつがれてきたという事実である。マルクスは『資本論』で、〝所有〟というカテゴリーが、なにか物の本質を所有しているかのように見るが、それは資本主義社会特有の物神崇拝の形態であるといっている。我々は、資本論の中に表れた存在論を論じるにあたって個人というものが、あらかじめ社会の外部にあるものとして仮定されている思想と訣別したマルクスを見出す。次にそれをみる。

恐慌あるいは市場の幻影

人間を動かしているものを、〝商品〟という一抽象物から出発して解き明かそうとすること…それは、科学的な方法だった。デカルトが、人間を機械と見なしながらも、自我が行動を制御すると考えていたように、マルクスは、商品の運動が、人間を支配して、社会を支配すると考えたのである。自我という一見自明のものが結局なんであるかわからなくなるように、〝商品〟とはなにかがわからなくなった地点から、マルクスは出発した。〝商品〟はただの物ではないというとき、資本主義という見えない場を見ていた。そしていかに形而上的にみえようとも、観念論ときっぱり手を切りつつ、あらかじめ社会に包接されている人間を描くことにより、認識主体の自立性という観念論を排除した。ブルジョアジーがおのれの賞賛していた田園から追い出され、また〝商業〟という計算と意志の力で、異人として世界を渡り歩くという人種を作り出していく中で、危機的な立場にたたされたのは周知のことである。都会の真っ直中に追い出された彼らは、美というものが貨幣で買えることを知った。また人間心理というものが、「あの人を、苛めてやりたい」「あの人に与えたい」という一つの経済的交換を成立させたのも近代である。そのような中にあってマルクスの立場は、そのように人々を踊らせる貨幣を一つの力の作用として考えるように移行する必要があった。なぜならマルクスは、知らず知らずのうちに気がついていたのだが、貨幣は物ではないからである。マルクスは、経哲草稿の中でつぎのようにのべている。……いまだに、貴金属の感覚的輝きによって幻惑されている市民は、まだ完成された貨幣国民ではない。

つまり、感覚的輝きである黄金欲というものは、貴族階級や、あるいはその裏返しとしての、居酒屋にたむろする地下の人間たちを動かす劇的……まさにバルザック的な意味で劇的……な動因となっているだけであり、それらは、むしろ旧世代の、あの豪華と蕩尽《とうじん》をきわめた王党貴族の風俗なのだ。これにひきかえて、国民経済学は、……諦め……窮乏……節約を、要求する。それは、貨幣というものをなにか悪魔的なことを起こす起動力と考えるシェークスピアやバルザックの抱いた金ぴかで血なまぐさい幻想とは、まるで違ったものなのだ。ここではむしろ〝貨幣〟とは手段なのだ。手段にすぎないものを崇めること、これを物神崇拝という形でマルクスは描きだす。このときマルクスには、貨幣が手段でもあり、目的でもある二重性に気づいたのであり、あえて比喩をおそれずに言うならば、あるときは人間の目的にも見え、あるときは人間の行動の手段とも見える神に譬えたのだ。そしてまた〝人間存在〟自身も、あるときはなにかを為すための手段に見え、あるときは恋すべき目的と見えるという循環にも。だから貨幣の力について、ヘーゲルの言いまわしをかりて人間の力の疎外されたものというのは、誤っている。人間の力という個有力が個人の内部にあるかのような形而上学的転倒は、〝所有〟というカテゴリーを持つということでしか理解できなかった彼のスタティックで土地所有者的なイデオロギーによってなされた。そこでは、女も土地も自我の力の延長としてしか考えられず、動態化により土地所有者がいやおうなしに、金利生活者となっていくという時代の移りをとらえることができない。貨幣については、だから新しい考察が為される必要があった。それは、しかし自明な物でない。ある時代の刻印を押された神がみであった。マルクスは言っている。物神崇拝者の感覚的意識はギリシャ人のそれとは、別のものであると。

貨幣を一つの時代の神がみとして、それに対する人々の関係の幻想性を指摘したとき、マルクスは、時代というものを動かす力としての貨幣を見ていたのである。それは、あるものでなく、なんらかの関係であった。そしてその関係を成立させたのは資本主義社会であり、そこから本源的蓄積期を見つけ出したのだ。あくまでそれは、古典派を一つの時代の中で時代の要求に従って動かされているシステムにすぎないことを、見ていたのである。たとえばマルクスは、リカードについて次のように言っている。……リカードは、国民経済学に、それ固有の言葉を語らせているのであり、たとえ、国民経済学が道徳的に語られなくても、それはリカードのせいではない。

つまりリカードという主体＝書き手は、国民経済学のカテゴリーで語るしかないがゆえに、書く立場では、非道徳的に語るしかなくなってしまうというカテゴリー自体の不自由性をついているのである。いうまでもなく、なにかを排除するところに成立したのが、イデオロギーである。カール・マンハイムによれば、イデオロギーとは、自己を没落していくと感じているある共通の利害で結ばれた個々人が、その存在基盤を守るために、集団的価値観を他の階級にあびせることによって成立する場であるといっている。それは、その言語だけをとってみれば、まったく正しいのだ。自由、平等、博愛これらの言葉が、今日において、あのフランス革命のときほど人々をうたないのは、故のないことではない。それらの言葉は、いったん、ある階級が、権力を奪うときに、集団の約束として一時的に使用されるドイツ・イデオロギーの記述によるだけであり、あとになるとそれは、逆に、権力を、握った階級の支配道具として、他の人々から言葉を奪ってしまうのである。

「言葉を、奪ってしまう」と今書いた。それは、問いがでないようにふうじこめてしまうと言ってもよいであろう。古典派は貨幣について問わない。それと同様に、労働力についても問わないのである。そして、それについて問うことが、自己の存立基盤である、イデオロギーの首尾一貫性を虚構のものであると暴露することであり、それらは、不可視であることによって自明のものとされてしまっているのだ。我々は、ここで歩みを中断して、言説が編成されるのは、事件のあとであることと、その言説自体が、根本的病理をおおいかくしてしまうかにみえるところで逆に自己崩壊するさまを、いかにマルクスが記述しているかを問題にせねばならない。そして、このような場の理論は、商品を人間とおきかえても言葉とおきかえても成立する構造的なものだった。それは、古典派と異なって只の経済理論ではなく、世界観を含めて記述する必要があった。

労働力と労働について

商品を商品にするものはなにか、あるいは、貨幣を貨幣にするものはなにかと、マルクスは言っている。なぜ貨幣なのかという問いは、「ユダヤ人問題に寄せて」以来マルクスの得意な問題設定だった。貨幣から見た社会というのは、ひとつの悪魔の展望をひらく。なぜなら、貨幣により、美の消費も尊敬も自由にあつめられるから。貨幣は人間の外化した力だ。このように考えた初期マルクスは、近代というもののシニカルでアナーキーな刻印を、自己の思想に押したといえる。近代というものが詩人や文学者たちに、単に美や人間性を歌いあげるのではなく、美を享受する階級のおろかさや、一見華やかにみえる景色の中での恋人たちの動態の裏にある滑稽さを描くようにしむけたのである。それは、確実にマルクスの文体のあのシニスムにみちみちたいやらしさと丁度みあっている。労働者の擁護や、土地所有者を賛美する人々をやっつけるためにたった立場は、それらの問題を嘆いている階級の人々が、実は、ほんとうのところ、その嘆き方の身振り手振りまでもが、その人の認識の甘さがその人の階級被規定性を暴露しているものだということを照らし出したということである。ある種の問題にたいして反発することにより、逆にその問題を生み出しているのがその人自身だという逆説に気がつかないところで行われていることは、喜劇にすぎない。

次に、古典派経済学の喜劇について考察してみよう。マルクスは、言う……国民経済学は、私有財産という事実から出発する。だが、国民経済学は、我々にこの事実を解明してくれない……国民経済学は、労働と資本、資本と土地とが分離される根拠について、なんの解明も我々にあたえない。たとえば資本利潤に対する労賃の関係を規定する場合、国民経済学では、資本家たちの利害が最後の根拠とされるのである。……本当ならば、私有財産ということに関して問いがなされるべきだった。たとえば、先にふれたが『個人と社会』という枠組みで動いている近代思想は、個人とは、いかにしてできた概念であるかということについての問いを、おおいかくしてしまうように、古典派は、私有財産を、自明なものとしてしまう点で、本来、問われるべきものを消去してしまっている。競争と独占についての必然性も、排除されてしまう。たとえば、古典派によると、封建的所有に対し、ただ、競争や営業の自由を対置してそれを賞賛するのであるが、封建制のなかから生まれた歴史的形態のひとつにすぎない、いってみれば一つの結果である私有財産制を、あるもの（アープリオリ）として出発するのである。そこでは、私有財産制自体が労働者の疎外を生むということについてはのべられていない。だから古典派の理論は、労働者というものを排除したところに成り立つイデオロギー的空間であり、それは、いまある自己および自己と利害を共通する階級の守りのための杖なのだ。

以上のような論法が、マルクスの経済学に対する批判の要点であった。資本論において、なぜ〝商品〟というものを、そんなに不可思議なものとして考えねばならなかったか、それは、労働者というものが動かしているにもかかわらず、なにものかに動かされているかのような仮象を示す現実界についての総体的考察をしようとしたからである。世界観であることを排除しないで経済学を叙述する。だから面倒な〝商品〟の〝物神性〟の形態が出てきたのである。マルクスの問い方は、ヘーゲルと同じように、なぜなにが世界を動かしているか、ということであり、その前に世界とはあるのかという、ギリシャの存在論までを射程においたものだった。

そして方法としては、物理学のように、一つのモデルをうちたてることであるから、歴史的順序をたどるのではなく、論理的に自明な一単位について、なぜという問いを発することにより、新たにモデルを作るという事だった。労働力という具体的な担い手が消去されて、あたかも商品自体が自律的運動をする。もちろん交換過程をへているかのような仮象の原因として商品という一単位を持ってきたのである。それは、主体としての観察する位置を排除して成り立っている、古典物理学の空間から場の理論への移行に似たものであった。

資本論第一章　商品

経済学的にみれば、なぜ商品から始めなければならないかの必然性は分からないかもしれない。しかし、やはりこれは、カントやヘーゲルの観念論哲学の枠組みを、そのままというわけではないが踏襲して、そのカテゴリーの延長線上に〝商品〟を置こうということだったように思える。つまり言葉＝概念というもので世界を一つの書かれた書物として読むという、キリスト教やプラトン哲学のようなものを否定しておいて、あらたに世界と人間との出口のない世界〝それは、カントのように主体の認識のもの自体への到達不可能性ということではない〟について描写するというモチーフだった。

プラトン、ルソーまでの哲学が、パロールとかラングとかに分けて言語の詳しい分析をして、それで人間存在と世界についての哲学をたてたように、マルクスは、商品の分析にあたって、もの自体への到達不可能というカント的アポリアを抜け出て、人間主体の世界への包摂不可能性を説くことになった。それは、哲学の死であるとともに、新たな論理学レーニンによるの出発点だったのか。とにかく哲学は、それを体系的に述べることはヘーゲル以降不可能になってしまった。ゴーロ・マンは『近代ドイツ史』の中で次のように言っている。

……ヘーゲルの後期の著述は、深い憂愁の気持ちをたたえていた。その狙いは、きわめて長期にわたった発展過程、単なる一時期ではなく、諸時期の一時期、つまり永世の終結を画することで、それは頂点の実現であると同時に終焉を意味した。

つまり、ヘーゲルにおいてむりやり聖書の中に入れられて（ヘーゲルは、言葉が真実で現実ははかない現象だと思っていたから）しまった現実が、どんどんヘーゲルの体系を無視してすすんでいくことに、マルクスは責任をとらざるをえなかったのだ。

理性による錯乱の排除はデカルト的な知つまり我……考える主体としての我を世界認識のための最小の一単位とした、分析的理性には不可能であった。なぜなら、最高度の理性とは、私＝私の同時性であり、それは、私がたえず世界に向かっている志向的存在であるという、現象学の裂け目からのぞきこまれた〝無〟を仮定するからである。マルクスは、コギトの代わりに〝商品〟を新たな一単位とするであろう。それは、認識主体の外部にあるものでもなく、内部にあるものでもない。それは、だから外部世界への到達不可能というカント的アポリアを回避させる。では、商品とは何か？

マルクスによれば、商品は、商品という物ではないのである。資本主義社会という制度の成立のあとにできたものなのである。中世にも商品はあったかもしれないが、しかし、資本制において初めて〝商品〟が、人々を動かす普遍的な一単位として現れたのであり、それは、抽象的なアトムとしての〝個人〟という考え方と平行していた。

平等という概念は、ブルジョア・イデオロギーにすぎないのは、いくら平等、平等といっても、実際問題として平等でないように行動しなければ生きていけないというプロレタリアートがいるからであり、古典派は労働という抽象を、はじめからしてしまうために、それを、おおいかくしてしまうのである。なぜ恐慌が起こるかということについて、古典派は、ほとんど応えられなかったそうであるが、〝労働力〟という概念により、その資本制が単なるメカニズムでないことを指摘できなかったからである。

そして、商品というものと労働力というものを考える場合に注意すべきなのは、労働力は、それが費やされることにより、たしかに商品にその価値を植え付けるようにみえるが、いったんそれが植えつけられると、むしろ、抽象的で匿名的な価値にかわってしまうということである。

最終考察……そして新たな人間科学へ

物の露出ということは、ハイデガー哲学を語る上でKEYとなっている。〝人〟ダス・マンの露出といってもよい。世界に対して志向的態度を取り続ける人間が、あるときそのような環界から外されたヒトになるとき、その反映として外部世界も無意味さを露出する。それは、一つの死でありハイデガー流に解釈された死……つまり現存在の投企可能性の欠如を示すのである。すなわち自我＝自我は、形式論理学上の〈死〉であり、ヴンシュタインが死の側からの望遠鏡と呼んだものである。恐慌とはそのようなものだ。〈商品〉……関係としての商品が、恐慌のときに、その関係からはずされて、ただの物として露出される。それは、人間の錯乱でもあるとともに、〝物〟の露出という世界の死でもある。

自我＝自我が〝死〟であるとしたら、その形式論理のカテゴリーは、いかにして破られて運動を開始するのか。それは、自我を、個別なもの〝使用価値〟と、類的なもの〝交換価値〟に分けることによってである。自我〝志向対象へむかう使用価値〟と、自我、他者からの力をうける・意味される交換価値……これは、経験的自我と先験的自我という平行関係の間に、無を措定せざるをえない現象学のジレンマを破るということにつながる。

すなわち、マルクスの論理学においては、商品A＝商品Aとしたときに、最初のA

と次のＡでは意味がちがうのである。Ａ〝使用価値〟＝Ａ〝交換価値〟ということなのだ。しかしこれは、逆転が可能で、この位置はたがいに排除しあう。つまり、個的自我と対他存在に対する自我は、いつでもずれている。他人に対するための自我〝この意味で自我は、いつでも他人から強引に演じるよう強制されているものだ〟と、自分自身にとっての自己は、いつでも一致しないでずれている。これが〝意味〟を産出するのであって、これが自我＝自我で一致してしまった点が恐慌であり、無としての自己の露出なのである。そして精神界におけるそのような先験的自我と、経験的自我の区別を突き破る弁証法のダイナミズムは、そのまま〝商品〟という社会的関係の連結点において、人と人とを同じ一つの世界へと参加せしめ、また商品は、労働力商品の過程から商人資本、産業資本、独占資本をすべて包接しているがゆえに出口がないのだ。

クラインの壺形の社会を考えることができる。そこでは、神の座は封建制におけるがごとく固定されてはおらず、貨幣という〝だれにでも身を、任せる神〟により均質な空間を作り出し、封建制のごときエロティシズムと権力王権の合体した聖なる儀式空間ポランニーは排除される。

唯一の異人が商人階級であり、彼は、神々である貨幣のみを資本として各地を渡り歩くという点で異教徒なのだが、それを、異教徒と規定するのは、土地所有者ヘーゲル的発想にすぎず、むしろ、異教徒じたいが普遍的なものとなっていくのである。〝貨幣〟というものが資本主義社会の神々だとしたら、それでは、貨幣に対する欲望は、資本主義社会の中でどのように位置づけられるのであろうか。これは、しかしながら〝資本論〟の中の主要テーマでなく、初期マルクスからずっとその論の底流をながれていた物である。項を改めて〝貨幣〟の存在論について述べる。

貨幣……抽象的な見えない神

マルクスは、『ユダヤ人問題に寄せて』以来、人間と貨幣をある種の類似関係で測ってきたといえる。そしてそれは、むしろ〝神〟の問題と相似的なのだ。商品を使用価値と価値に分けたとき、たとえばルターなら、人間の外部と内部に分けたであろう。人間に〝心理〟があるものとされて外部に表れた行動とは別に、内部に心の動きがあることを発見したのは、キリスト教の功績だった。力強いギリシャ人たちの行動様式は、そのまま意志と形象を外面に現し、混沌たる情熱を外部においてアポロ的に完成させることにより、ギリシャ的明朗さを高らかに歌いあげたのである。その力強い筋肉に、魂を復活させたのは、キリスト教だった。そしてそれは、あらたに不可視なものとしての心理というものを付け加え、それが、神を、見えない神を要請したのだ。そしてそれは、人の中になにか価値があるかのような幻想を、呼び起こすという点で、価値実体論だった。商品のおのおのに価値が内在しているかに見えるのは幻想にすぎない。〝価値〟は、むしろA商品＝B商品というように本来的に異なるものを、等しいとおくことによりなにか等しい、価値実体があるかのような幻想を起こさせるところに成立したのである。そしてそれは、労働力という、価値によって計量されえないものを投入して、なにかすべての平均的な尺度で測られる価値量をそのものに投入したかのような錯覚が生まれるのである。つまり具体的人間労働の作用を、価値実体的なものとすることにより排除されてしまうのである。賃金と雇用の関係に自動調整作用が働くであろうというのは、そのようにミクロのレベルからしか価値を考察できなかった古典派の予定調和理論にすぎない。それは、一義的に商品の価値を、地代＋利潤＋賃労働と、分割し、等しいと置くために、本来〝労働力〟が、売買されていることと、そしてそれは、労働という古典派のカテゴリーでは見えないことを、マルクスは指摘した。またそれは、価値が、個人の中に内在することで、世界を一冊の本に変えてしまうヘーゲル流の神学が、価値自体が世代ごとに産出される差異であり歴史の進化を決定づけているという動力を止めてしまう点で、保守的反動なのだ。

古典派は、恐慌の可能性と不可避性をその内部のメカニズムから説けないために、いつまでたっても資本主義という場を描くことができない。それは、自明なものに対する問いが欠如しているからだ。抽象的人間労働に還元してしまうとき〝商品〟というものは、ただのものとして、客体として固定化されてしまう。貨幣においても、地代においても、そのことはいいうるであろう。なぜ利子うみ資本が、利子を生むのか。G…G＋gの形式は、形式論理学のカテゴリーでは説明できない。貨幣は、ものでないからこそG＝G＋gが成立するのである。Gじたいになにか価値を増殖する力がそなわっているかのように見えてしまうが、そんなことはなく、Gは逆に外に出すことによって環流してくるという、偏心的な楕円軌道を描く一つのずれなのである。G自体も、使用価値として放出されるときに、実は、相手にとっては交換価値であるという過程をとるのであるが、その交換価値と使用価値の止揚物としての貨幣は、逆に、それ自体が価値を生み出す価値として意味づけられてしまうとき、貨幣物神の形態が完成される。それは絶えず〝神〟から離れることにより、神に意味されたものとして行動しているというヘーゲル的逆説を、貨幣にあてはめたものであり、すなわち、神である価値を意味づけるものとしての源泉である貨幣を、逆に、使用価値として貸しつけることにより価値の価値としての物神性を明らかにするという形態と同一である。

そしてそれは、貨幣を貸すことによって生活しているという金利生活者の階級を生み出したのちに成立することであり、貨幣を神〝産出の神〟とする一つのギルド社会の成立でもある。〝貨幣〟がそのように抽象的な産出の神々となるときに、現実世界は、唯一の認識主体になる。しかしまた同時に、現実世界の生み出したものとしては、認識客体でもある貨幣により媒介された人々は、貨幣＝神を求めて走る。しかし、貨幣自体は、目的ではありえない。貨幣＝神を求めるとき、人々は恐慌に陥っているのだ。逆に神＝貨幣を求めず商品をもとめるとき、人々は商品に内在しているかのような仮象を呈している資本制の枠組みの中で、神〝隠れた神〟を追っているのである。貨幣＝神というものが、しかしながらこのような逆説的なものとして描かれねばならなかったのは、ルター、ヘーゲル、そしてヘーゲルの弁証法論理学をそのまま踏襲したかたちでのマルクスの危機だった。

貨幣所持者が、そのこと自体で人々の上に巨大な権力をふるうことができるのは、あたかも、封建制において僧侶階級が神の言葉のみでなんらかの世界を啓示したものと同一であった。ただ、決定的に違うのは、神＝貨幣の生む利子が、封建制の神のことばにおけるがごとく確定的ではなく、不確定だということである。

利子とその貨幣への関係は、しかしながら近代経済学においても重要なアポリアをなしている。それは、国民所得と同時決定だといっても、事後的にそのように考えただけである。利子は、G…G＋gであらわされているのだが、そのgの差異は不確定である。〝貨幣〟がこのようにいつも固定されず浮動しているのは、たとえば、自我が固定されえず、絶えず外界とその方向への働きかけとそこから被るものの偏心的力動によって差異を生みだし、その生み出したのちに、力のはたらいていた場としての始点を見付けるからである。実は、その始点も差異の結果であり、それは、ベルグソン的な持続ではなく、めくるめく世界への脱自態ハイデガーなのだ。かくて、時間というものの意味を変容せしめた、貨幣利子生み資本の論理学が語られる。

始点としてのG時間は、たえず、それを終点としつつもそのずれによって始点になるのだが、それが始点として意味づけられるのは、新たな終点によってである。

かくして意識というものは、とらわれると同時にとらえかえすという弁証法的なダイナミズムを繰り返し、その恐慌の時には、無時間的G＝Gつまり意識自体をつかまえて固定化することの不可能性をかいまみる無としてあらわされる。つまり先にものべたように、フッサールのような先験的自我と経験的自我の相同関係は、分析的理性の二元論として弁証法のダテナミズムの中で止揚される。G＝Gに向かっての運動が、ありもしない最終の言葉に向かってかけていくM・シュティルナーのレトリックと同形であることに注意すれば、ヘーゲルにおける利子（時間化による意味の新しい付与）を生まない神という封建制的な幻想と同じことを、見ることができる。価値実体があるかに見える幻想は、自然力が利潤を生むという甘ったるい封建的地主の幻想と同一である。

「マルクスの思想」についての感想　鎌倉孝夫

鎌倉孝夫（かまくら　たかお）
一九三四年生まれ、経済学博士・埼玉大学及び東日本国際大学名誉教授。埼玉大学文理学部を卒業後、東京大学大学院経済学研究科博士課程を修了。埼玉大学助手、講師、助教授、教授、学部長を歴任。二〇〇〇〜二〇〇六年、東日本国際大学学長を務める。向坂逸郎（一八九七〜一九八五）、宇野弘蔵（一八九七〜一九七七）に師事、宇野経済学を継承、発展させている。『資本主義の経済理論―法則と発展の原理論』（有斐閣）『はじめてのマルクス』対談　佐藤優・鎌倉孝夫（週刊金曜日出版）など。

1、文学、歴史、宗教――それらを様々に解釈してきた哲学に関する非常に幅広い教養をベースに、「マルクスの思想」の形成・完成過程を追究した論文として、十分意義がある、と思います。（しかしかなり難解でした。論文としてなお未完成であるところに難解さの原因の一端があると思いますが、例えばカント・ヘーゲル等の哲学者の提起した内容を解説なしで結論的に提起し、それを直接問題としているので、これらの哲学者の提起を十分知らない者にとっては難解です。私自身も新井さんの教養の広さに十分ついて行けないです）

（1）マルクスの思想形成過程を、初期の「個」と「社会」、自己・自我と他者のとらえ方――社会の動きに対し、自分はその外にあって自立しているととらえる、あるいは疎外された社会に対しプロレタリアートに、この疎外を克服するとの思い＝期待を持つ――から挫折を経験しながら克服し、自己自身を包摂・支配する資本主義――商品・貨幣によって個々人（自分自身も含めて）が包摂されている現実そのものの理論的解明に到達したことを、説いています。決して読み易い内容ではありませんが、これは重要な提起と思います。

（2）「労働」と「労働力」を区別してとらえること、前者は後者＝労働力の活動の結果であることを明示していることは重要です。「労働力」が価値形成の主体であり、これを商品化し包摂するところに資本主義社会成立の根拠がある——その点が明確にされています。

（3）「商品」とくに「貨幣」の物神性が明確にされています。貨幣はそれ自身「疎外」形態であるにもかかわらず、個々の人間の行動、思想さえも支配する。私たちは、(分析者、宗教家等を含めて)、貨幣の支配の下で生存せざるをえない、という現実、その性格が明確にされています。

（4）G…G′が資本のもっとも「物神」的性格を発展させたもの、との指摘も重要です。と同時にそれを求めることから恐慌におちいる——G…G′は決して自立していないこと——ことを指摘していることは重要です。（G…G′です）

2、ただいくつかの問題点があります。

（1）『資本論』の論理が十分生かされていません。商品・貨幣、さらに労働力を扱いながら、説明は『資本論』によってではなく、初期の『経哲草稿』等で行うのは不十分です。

（2）「恐慌」の指摘があり、「労働力」の商品化にその原因がある（宇野の指摘）とされていますが、説明がありません。宇野を提示するなら、その内容を示す必要があります。

（3）資本主義的商品経済に、個々人（私たちを含めて）が包摂されている現実の指摘は重要ですが、同時に、その包摂の限界（流通形態を主体としている）を通し、個の自立の根拠――人間主体確立の根拠があることを明確にしてほしかった。

以上です。

三島由紀夫の文学

エディプスの不安

新井仁史

三島由紀夫の存在論序説

みずからを社会における仮象をつくり出す美の工作人として規定したとき、三島は美に憧れつつも、みずからは美の体現者となれないという逆説にたどりついた。マルクスならば、このようなジレンマを、資本主義社会における疎外であるととらえたであろう。すなわち、労働者は、生産物をつくるのに、その生産物を直接享受できないのである。

三島は〝美〟ということに制作を限定しているがゆえに、マルクスほど普遍性は持たないが、一己の職人たる三島は、自己疎外を被ったのである。このことが明白に現れたのは、『禁色』に於てであった。「なりたいんです。なりたいんです。僕は、現実の存在になりたいんです。」と、悠一に言わせるのである。三島がボディービルを開始するのは、その数年のちであった。だが、ここにも、またアポリアがひそんでいた。「人間は、社会的存在である。」とはマルクスの言であるが、マルクスは、またその社会において人間は個別化するとも言っている。だとしたら、三島が、自己の存在感を肉感的に感じるためにボディービルをしたとしても、それは、本来の労働の持つ社会性、つまり、有機的結合の社会の中で、ある役割をはたすことによって市民としての満足感を得るという、社会化された労働とは別なところで営まれる孤独な作業であったのである。元来、スポーツの持つ社会的性格が欠落したところでの自己と肉体とのモノローグは、三島が、〝言葉〟を、その対象への参照なしで、単に美的見地から紡ぎ出すフェティッシュな嗜好とパラレルであった。ここにおいて現実を空無化するために、美の楼閣を築いた三島は、肉体も架空化するのだが、そのことにより、社会と個人との溝はますます三島によって深められたのである。ブルジョアジーが、自己の認識が階級により規定されていることに気が付かずにいることは、K・マンハイムなどによって指摘されているが、三島は、ブルジョアジーの孤独な私有財産としての

〝肉体〟にまで、孤独な所有の網を張り巡らせるのである。すなわち、自己が、無責任なピーピング・トムでいられる場所から第2次世界大戦を眺めていたこの悪魔的少年は、自己が社会に適応しないのを知り、逆に仮象としてのコトバと作られた肉体で社会を挑発しようとするのである。

だが、ここにおいて本来人間が持っていたはずの共通な感覚は消去され、人工的な不毛な孤独を美と言いくるめる錬金術師の役を、演じ続けなければならないのである。それは、たしかに、仮面の選択であったがさりとて素顔などないのだ。ここにもまた、我々は資本主義社会の疎外とのアナロジーを見出す。たとえば、「社長」が社長の態度をとったとき、それは、たしかに、ふりをしているのだが、さりとて「本質」が別にあるわけでもないのだ。三島は三島のふりをこれからも、続けていかなければならない。そこに、現実社会に個人的反感を持つものたちが声援をおくる。アプレ・ゲールと呼ばれたこの三島ファンたちは、ロスト・ジェネレーションの虚無的な美の体現者であり、ナルシスである三島を教祖としてもちあげる。マスコミをフルに生かして、自己と自己の言葉を商品として磨きをかけて売りだすこの文学者。戦前にこのようなタイプがいただろうか。戦後のマスコミの発達を抜きには考えられないタイプの出現なのである。この三島の戦後社会、あるいは、父権社会への反発は、『金閣寺』において、ある一つの絶頂をむかえる。これは三島にとってもひとつの分岐点であった。

＊＊＊

『金閣寺』においては、もはや美なるものを作成した主人公はいない。主人公は、三島と同じく〝美〟から拒まれているのである。早くからその異端児としての孤立に気づいた主人公は、〝どもり〟ゆえに、社会と折り合いがつかずに破滅するのである。ここには、一つの暗い運命をせおった青年の、自己破壊の軌跡が描かれているのだ。が、注意すべきは、それが日本の社会的現実に対する挫折ではなく、〝どもり〟という肉体的なものであるという点である。三島は、マルクシズムで、人間の問題をも、解決しようという当時の風潮に反対して、マルクシズムも解決できない、肉体的問題から、人間がなぜ在るのかという存在論の問題へと転回したのである。もちろん、個人がその個人にとじこもったところにおいて、解決策はない。その自己の問題を、『金閣寺』における封建的制度への反逆というような、社会的広がりを持ち得ないまま、主人公は、金閣寺に放火するのである。それは、行動というよりは、自己逃避であった。その動作が、いくら現実に行動していようと、大向こうのうけを、ねらったパーフォーマンスという点において、これは、15年後の三島自身の〝死〟と、相似形をなしているのであり、人々は、個人の〝想像〟にすぎなかったものが現実化し、また、あれはもしかしたら夢ではなかったかと思わせるような構造を形成したのである。

まさしく、両方とも一瞬の勝利であり、しかるのちの敗北であった。個人が社会化するのに耐えなければならない相互関係の相対性を不純なものと嫌ったために、氏の行動は、現実に、なにかの有効な結果をもたらすアクティビティーとならず〝仮象〟〝舞台〟といったものになったのである。

だが氏において『金閣寺』で描き切った孤独な青春は、また、共同体への希求を孕んだものだった。しかしながらその共同体は、社会に対してシニカルであるものたちの集まったいわゆる反共同体的な共同体という逆説的な精神共同体をなすものであり、ある意味で、モノローグ、四重奏といった趣なのだ。それこそが、文壇的には大失敗であったが、現代日本の〝心情〟なき繁栄を嘲笑うがごとき『鏡子の家』であったのである。

＊＊＊

人は、社会に対して反抗するとき、その初期においては、感覚的な違和という形でそれを通過するだろう。ボクサー、演劇人、画家、サラリーマンという職業を持つシニカルな若者たちは、その政治的プロテストに向かう一歩手前のところで、実存的に社会に抵抗するのである。すなわち『金閣寺』において、家族ゲームから抜け出た三島は、こんどは、「家族」という、時間軸でなくて4人の分身を空間化して分散することにより、自己のフィルターに映った時代を壁画化するのである。しかし、文壇はこれに対して否定的であった。『鏡子の家』における失敗は、そのネガティブな青年たちが、あまりにも三島に似ているということであった。それは、氏が根本的に自分の精神の動きにしか興味を持たないナルシストであったからだという人がいるが、現在から見ると、それは日本の大衆消費社会のグロテスクさを先取りしていたといえる。〝ナルシズム〟とは、今世紀末の日本人にとって万人に共通の現象になろうとしているのである。

しかしながら、三島は、このようなナルシス現象が、やがてアナーキーな性や金、暴力あるいは欺瞞的政治家を生み出すことを予見していた。つまり、三島の内部にあったところの分身たちは、ネガティブな時代相を刻印されながらも、みずから、肯定的価値の共同体の模索へと、そのニヒリズムを能動化しようとしはじめたのだ。

終章において、ボクサーの青年が右翼に近付くのは、後年の三島を予想させて薄気味悪いが、ただ言えることは、ようやくエディプス的家庭を抜け出て〝父殺し〟を象徴的に行った三島が、そのネガティブな青年たちのうちに大衆消費社会（そこでは、肉体すら消費される）を具現化したのちにあらたに価値を規範として上から押し付けざるをえない〝父的〟なものに変身しようとしていたのである。だが、この〝父〟には、弱点がある。幼いときに反逆する子であったという弱点が。以降三島は、子である時代の文学に、その皮肉な天才少年の笑いの影に怯えるようになる。社会を対象化し、疎外させる文学と社会と距離をなくし、たえず自己の責任においてする行動、この矛盾に三島はそれ以降悩むようになる。たとえば、トーマス・マンの芸術と生活は別だという論を持ち出すことによって。しかしながら、我々が今まで見てきたように、三島において文学は、いつも時代精神と氏の将来を暗示する予見の文書となっていたのであり、実際に氏は、その死にいたるまで、自己の文学という甲羅をなぞるかのように同じ行動をするのである。

三島において、父たることの不安は、その中に子たるロマンティスムの自分をたえず含んでいることによるのであり、それは、『午後の曳航』によって現される。

ここにおいて氏の文学が、小ブルジョアジー的ないきづまりを示したことは、注目に値する。三島自身は、この『午後の曳航』においても現れているように、自己の小ブルジョア的父親像を絶対に許していないのである。現実を離脱することで、魂の純潔を守ることをめざしながら、小ブルジョア家庭を再生産せざるをえない立場においこまれる船乗り。ここにおいて、政治的共同体と文学共同体が交差する。つまり三島は、自己の個人的な夢の共同体を、政治において実現すべく行動を開始するのである。そのとき三島の頭の中には、ヒトラーが、ナチスというユートピアを作りたかった人として、暗い英雄として、その姿が瞼にちらつくのである。そしてそれは、三島にシニカルな観察者としての立場を離れさせるものであった。それは、「日本」への回帰であり、インテリとしての自己への懐疑が、共産革命にも懐疑し、マイホーム主義へも嫌悪の念をかくさなかった三島の一〇代にうけた精神主義的王国、死の共同体〝M・ウェーバー〟としての日本への回帰であった。

そのことが『絹と明察』において、インテリの岡野が、実は日本の封建制の古い父であるこまざわに、負けていたのではないかと懐疑させることにより、決定的となったのだ。それは、ある文明批評の誕生と言って良かった。三島の戦後に対する批判は、同時代的な大衆社会批判の枠組みをそのままうけついでいるものである。すなわち、天皇という規範が崩れたのちに、人々の金、性、権力に対する欲望の抑圧がとれてしまったために、国家のアイデンティティーが、大衆という無責任な怪物のためにおびやかされている。だから、規範を立てて〝青年〟をよい方に教育しなければならない。と、こうまとめてしまえばマンガ的だが、本人としては、大まじめな王制復古であったのである。かつて三島は、お御輿をかつぐことにより疎外を解消しようとした。今また氏は、政治を、そのカール・シュミットの説くところの、中性国家とは逆に、非中性化することにより国としてのアイデンティティーを確立しようとするのである。それには、自衛隊だ。戦後日本の望まれざる私生児として生まれた自衛隊を、軍隊に格上げしてプライドを持たせることこそ真っ先にやらねばならないことだ。日本人一人一人が、命をかけて国をまもらなければならないという発想が、豊かさの中で益々無責任化する大衆に向けて発せられる。……それにしても、文学とは、根本的に無責任なものではないか。それをもって、責任を語ろうとするのは、無理ではないか。という思いが、三島の頭に去来する。『豊饒の海』四部作は、今までの主人公たちとちがって、シニカルでも分析的でもなく、はじめて、スタンダール的情熱を背負った若者たちである。文学における社会的無責任性は、これらのヒーローによってますます煽られるのである。このとき、現実と文学がかつてない緊張力で氏をおそった。認識論的にいえば、小説としていかに駄作であろうとも、第四部の『天人五衰』が一番重要である。そこには、三島が、あるいは自己の小説自体も否定していたのではないかという、ある虚無的な激しさがある。ここにおいて氏は、少年時代の氏と同じ人物を出し、それを失明させることにより、みずからの天才少年時代を一つのパロディーとして、否定しきっているように感じられる。

「書物の河」とは認識の河であり、ここにおいて見者で在りつづけることが、実は死者であり生からの疎外であるという理論が述べられているのである。このように、自我の社会との相対的関係を拒むところで、認識者としての実生活上はありえないポジションから人間の生活を描写することに欺瞞性を見出した三島は、そのまま孤独な自己を救済するものとして、天皇とそれを価値自体とした文化的国家を夢見る。ここにおいて、三島は、逆説的な共同体を希求した『鏡子の家』のころとは違った形で、ある絶対的な肯定的集団の形成を急ぐのである。

＊＊＊

以上見てきたように、三島は、日本において武士道を蘇らせようとしたように見え、一見封建制への退行に見えるが、三島のやったことは、実は、現在から見るとポスト・モダニズムへの先駆けであったのである。オリジナルとコピーの区別のできない時代に、その区別できないところを、日本文化の特色として時代の規定する枠をぬけでて、様式化した美をジャポニズムとして外国に売ったのである。それは、国際化という視線に程よく浮き上がらせた日本主義のショービズムであり、死のグロテスクさの露出とは逆に、カタログ文化と表層文化の先駆的形態となったのだ。

三島由紀夫における文学の位置

1

『小説とは何か』は、三島の最後のエッセイになったものであるが、ジュリアングラックの小説などを引用して、死を前にした明察に、彼が最後まで憧れていたことを示している。しかし、死を覚悟した人の目にしか見えないものなど、本当にあるのだろうか。『天人五衰』のラストにそれがあるという人もいるかもしれない。しかし、問題としたいのは、別のことだ。それは、三島が、このエッセイの冒頭において、小説の筆者と読者をいつにない調子で、全否定しているということである。

作家は、その生い立ちからの実存的躓きにより、その成立を説明され、また読者は、その臆病なナルシシズムゆえに、作家と同一の世界を共有するというのである。

そして、その読者は、自己を文学にむすびつけた劣等感について、決して語らないだろうとも書かれている。ここいらに期せずしてあらわれているのは、三島が「文学」をどのように考えていたかである。さらにかんぐれば、では、三島自体をしてそれほど嫌な文学に縛りつけたものは何だったかという疑問である。

大岡昇平が、この『小説とは何か』を読んで、大家のメチエを体得しているが、一部納得できないと言っているのは、このあたりのことをさしているのではないだろうか。

というのも、だれもが他人に言えない挫折や劣等感から文学に向かうとは、とうてい言えないからである。

いったいどうして、三島は、これほどまでにヒステリックに文学を批判したのだろうか。

三島は、小説家が、さも客観的に人物評価をすると論じているが、サルトルのモーリアック批判を持ち出すまでもなく、認識上の優位性を作家が示すために作家たるポジションにいるのではないことは明らかであり、20世紀文学は、そこから始まったといってもいいはずである。

それらを知っているはずの三島が、作家のポジションをごまかし、あるいは、行動へのおそれから逃げ込む場所として批判しているのは、作家全般ではなく、過去の自分の小説と態度を批判しているのではないだろうか。ふりかえれば、三島の小説は、そのアフォリズムの多用にもみられるように、人物を上から説明する視点がいつも用意されていたのである。心理主義自体を、他人の心をみとおすことのできる悪魔的視点としてとらえたことからもわかるように、三島の小説にかぎって言えば、一人称の小説の場合の他は筆者よりはるかに単純な登場人物たちを、あたかもレイモン・ラディゲのようにみはるかすことを、むしろ得意げにしていたのである。

しかし、ラディゲには、その心理主義の冷たさにもかかわらず、人間存在の喜劇性への感受性が、いくぶん含まれていた。

しかし、三島においての主人公たちは、その告白の最高潮のときに、三島自身のニヒリズム哲学の代弁者となり、絶対の主観性として、悪魔の言葉を囁くのである。そして一方では、三島の言うところの絶対に傷つかない作家的客観性に埋もれつつも、実際はおいつめられ『金閣寺』におけるように法を侵すことの虚無的快楽に囚われるのである。

それは、客観的と言っても、物理学における客観のような意味ではなく、自己防衛のための、他者観察のレベルなのである。しかし、このような心理的メカニズムと反社会的主観性をもった人間がすべて作家であり、その毒を共有するのが読者であると、断定できるはずはないのである。

もちろん、三島の読者には、三島が言うように、劣等感と神経過敏でナルシスティックな若者が多かったことを否定するものではない。

しかしそれは、一般の読者と作家にまで普遍化できるものではない。

三島の言っている苛立ちは、たかだか自己の文学の不毛性と読者の不毛性が、マスコミの発達とともにあらたなナルシシズム型社会の病理を予感しているというにすぎないのである。

2

三島は、小説の読者がなぜ小説の読者になったかは絶対口にしないはずであると言っているが、これもおかしい。たとえばそれでは、そんなに他人に言えない心の傷が三島をして文学に接近させたのかと問い返すことが可能だからである。

ここから推量されるのは、三島がホモセクシュアルであり、そのことにより社会から疎外されているという意識をもったという説である。サルトルの『聖ジュネ』を読んでから『金閣寺』を書いたのであるから、この説はうなずけなくもない。

が、わたしの推量では、もう少し普遍的な青春の挫折といったパターンが、小説すべてではなくても三島の小説へと読者を向かわせるということはありそうに思える。

それは、『金閣寺』『午後の曳航』……と並べてみるとわかるのだが、そこにはまぎれもなく父親殺しの欲望が潜んでいるのである。

そして、その父とは、具体的な父ではなく市民社会の法の体現者としてのシンボリックな父であり、それを理由もほとんどなしに殺すことにより、主人公は美的世界の王者たりうるのである。すなわち、三島においての美とは、小林秀雄の言うような倫理的なものではなく、父のつくった現実界を、空無化しようとする悪魔的なものなのである。それは、現実には、実在しないものを一瞬言語によりきらめかせるということであり、犯罪が一瞬市民社会を機能停止に追い込むのと同じように、悪そのものなのである。

そしてそれは、具体的市民社会的他者との関連の中での協同を含まないという意味において、孤立化、空無化され想像力のなかでしか存在しないということにおいてオナニストの夢と同一のものなのである。

しかし、オナニストの夢が現実への出口をもたないかぎり、それは三島のもっとも嫌う安全な夢にすぎないのである。

三島は、シンボルとしての父を殺したあとに、その空無界を現実化すべく主体として犯罪にアンガジェするのである。

ジャンポール・サルトルのアンガジェがなぜあれほどまでに政治的アンガジェに終始したかは謎であるが、世界同時代性として、実存主義文学の潮流にのったこの二人の天才は、想像力によって具体的市民社会を無化しておきながら、あらたなる想像界を現実化させようとしている点で、身振り手振りが交差しているといわねばならない。

だが、問題なのは、人はなぜ文学者になるのかという問いに対して、それはある原光景的事件が、作家をして社会から疎外せしめるからだと、三島が応えている点についてもう一度考察しなければならない。

3

人は三島の疎外の原因を、そのホモセクシュアル性に求めるが、それではなぜ三島はホモセクシュアルへとむかったのであろうか。いったい人は、生まれながらに黒人であるように、ホモセクシュアルであるということは可能なのであろうか。サン・セバスチャンの絵は、『仮面の告白』以来、日本でも有名になったように、とりあえずは、主体たるより客体になりたいという嗜好、あるいは自己の肉体を客体として享受したいという嗜好が、人をしてホモセクシュアルにむかわせるといえるかもしれない。しかしそれは、ホモセクシュアルの結果であっても原因ではない。

原因は、もっと別のところにあるように思われる。一言でいってしまえば、それは、社会的規範と性欲の葛藤が、女性にむいていたリビドーを自己にむけるナルシス化へのプロセスであるといってよいであろう。

『仮面の告白』において象徴的に語られているのは、ある女性へのリビドー化の失敗であり、それにより、三島は、翼をうしなった天使として市民社会の中で仮死状態になるのである。

その仮死状態の男が仮面をつけたとき、それは市民社会から背をむけた、ホモたちのスラングとしての美的世界に迷いこむのであり、それを、社会的疎外のメタファーとして使いこなしたとき『禁色』が書かれたのである。すなわち、ホモにとっても、女性に欲望がないわけではないのである。

しかし、社会的、実存的劣等感からリビドーが退行して、自己愛からその表現へと、死を通過しながら移行するのである。そう考えると『仮面の告白』の筆者が、「これは、セックスの学校の落第生の告白だ」とエピグラムにつけていたことが、興味深く思い出される。結局ドストエフスキーの文章しかつかわなかったために芸術的にみえるが、最初の予定では、このエピグラムもつけられるはずだったのである。とするならば、三島の言う小説読者と作家のかかえる秘密とは、青年期における性的躓きということになるのである。

すなわち、オナニズムから、女性にむかうことが心的外傷をひきおこし、ナルシスに移行するという現代青年の病理を三島がいちはやく先取りしていたということである。ひらたく言えば、セックスレス症候群とでもいうべきものであり、ここにおいて、小説の読者とは、オナニストであるという、サルトル的な不毛なテーゼが東洋においても確認されるのである。

4

このように考察してくると、オナニスト文学の不毛性が、三島をして、自己の文学と文学青年を嫌悪させ、生理的に「文学」が、オナニストの手から再生産されてしまうことを嘆いていたことがわかる。

かつてプラトンが、教育のために、その共和国から詩人を追放したように、三島も、行動のために、オナニズム文学をその「楯の会」から追放したのである。

しかし、想像界から現実界に下っていくというサルトル的シェーマ、その行動の形態は、たしかに異なってはいたが温存されたのである。

これは、システムが実存に先立つという構造主義からみれば、オールドファッションだったのであり、人々は、いやに古風なエロスに酔う三島をけげんに感じたのである。それはヒーローが、行動により社会をかえるという、劇画的ビジョンを信じていたという点においてマンガ的であったのであり、ニーチェが、ワグナーの魔力から逃れようとしていたのとは逆に、三島はワグナーたりつづけようとしたのである。その結果三島が少年時代嫌悪したはずの軍国主義の衣装をまとって、そのデーモンに形象をあたえざるをえなかったのである。

ホームドラマ的構築

文学の非政治性を擁護しようとした三島は、それにもかかわらず自己の美的構築が日常性からの脱落によってしか成し得ないことを知っていたのである。

しかし、いかに非政治性をよそおったとしても、非日常性への希求自体一つの政治性を孕むものであり、そのことが政治、宗教、芸術を一体化したナチズムへの賛美を生んだのである。戦後派の作家が、厳しい政治の嵐の中に翻弄された大戦前の体験から、おのおのが民主主義をふりかざしたのに対して、三島は年齢的にいっても、無責任なピーピング・トムたりえる特権の中で、美的構築を続けたのである。むしろ、初期の三島にとって無責任に政治的アンガジュマンをしないことが、方法論であったのだ。そして、性的にすらアンガジェしないことにより、ひとつのアウトサイダーとしての、自己の立場を自覚することを促したのである。ここで注意すべきは、美は、三島にとって日本古来の伝統美というものではなく、一つの社会から疎外された観念であるという点において、象徴派の悪や美を実存的にとらえかえし、自己の存在論とすることが要請されたのである。それは、美の発生が、ホームドラマ的『金閣寺』において明らかになるように、市民社会の立身出世主義のファルスを、導くことを描写したのである。戦後の「時代」をそのまま受け取り、民主主義や自由の観念に酔った者たちがすぐに時代遅れになり、逆に時代遅れな「美的」意匠をまとった三島が、時代を先取りしていたとは皮肉であるが、それは偶然ではない。思えば、戦後というのは、構築する時代であった。なにを構築したかというと、それは、民主主義ではなく、具体的には、家族や会社を新たに構築したのである。であるから、その構築の現場において、その構築の欺瞞性を見る目というのは、無責任であったピーピング・トムによってのみよくなされることであり、逆に、「民主主義」という空虚な「観念」に酔った者どもには、見えないものだったのである。だいたいにおいてちょっとした自意識のある者ならば、人間の絶望が政治によって救われるものではなく、むしろ絶望こそが、超時代的パスカル的条件であることをはずしたところに「人間」の希望を考えることが無駄であることを、見抜くはずである。

ところが、戦後派のオピニオン・リーダーたちは、「政治」に熱心なあまり、実存的絶望の方を退けたのである。これは、別に悪いことではないのだが、「文学」の場合、その実存的絶望の形態を書くのが主題となるべきであり、『アンクル・トムの小屋』のように、政治的ヒューマニズムにもとづいて書かれた本は、逆に薄っぺらい印象をあたえるのである。芸術創造の前にあるものは、ある超時代的な絶望であること、むしろそこからのみしか真のヒューマニズムが華開かないことは、戦前のシェフトフが説いたところではないだろうか。しかし、パスカル的絶望にも、ある時代的刻印が押されていないとしたら、それも嘘であろう。戦後派が、「死」の現実と並んで得た民主主義というアヘンのような言葉は、なんの実体ももちえず、むしろつぎに来るものは、豊かさの中の貧困という、ホームドラマ的モチーフであったのである。それは、戦後の『金閣寺』において達成されたものであり、戦後の立身出世的構築の中で美的反抗者たらんとする主人公をおくとき、現在からみれば、これは戦争の生んだ作品というより、ポストモダン家庭の一つの崩壊を予知していたという事が言えそうな感じである。

逆に、その意味において、超時代的絶望のはずが時代的絶望であった。あるいは、本来の絶望を予知していたということが言えそうである。のちになって、戦後の受験戦争の過酷さを浅田彰が、パパ…ママ…ボクのエディプス状況と呼ぶように、幼いときから「金閣寺」に憧れるように言われていた主人公は、東大に入るよう説教されている現代の少年とも共通しているし、途中でその道に嫌気がさして金閣寺を焼く主人公は、東大に入ったものの、それを憎悪の対象として安田講堂を、焼き払う学生とうりふたつである。三島が13年後に学生たちのラジカルな反乱に興味を寄せたのも、ゆえなしとしない。両者に共通している姿勢は、とうてい現実にはありえないような立場から、社会に対して実存的懐疑を投げつけ、かえす刀で、自己を解体させるということである。

しかし、両者とも、政治に必要な日常性を切ってしまっているところから出発しているために、無限に倫理的たろうという姿勢は、実社会における無責任性へと転落し、もはやそれを肯定するのは、快楽としての言葉しか無いというところまで社会的に後退するしかなくなっているということである。だとしたら、この三島や学生たちの姿勢は、管理社会や立身出世主義に、本能の側から抵抗し、新たなコミューンを築こうという観念的共同体への希求であり、初期マルクス的人間疎外を資本主義に見るという見方に近づいているのである。もちろん、マルキストでない三島は、18世紀的な神権国家を再構築するために、天皇を、ヘーゲルの絶対者のように持ち出すのである。しかし、このような美的観念の上でのアクロバットが、ドンキホーテ的な喜劇を生み出すのにすぎないことは三島が、『盗賊』を書いたころから解っていたことではないだろうか。ついでにいえば、小林と正宗白鳥の論争が示したように、近代の文学者たちは、いかに高級な思想が実生活上でドンキホーテたらざるをえないかを、身をもって感じたはずである。『金閣寺』が、小林秀雄のエッセーに衝撃をうけて書かれたことが示すように、その自意識文学の系譜に連なる者として、三島が小林の影響を受けていたことは、間違いない。シンボリックなものから、人生を透視しようという姿勢は、ヴァレリーにも見られるが、ヴァレリーをへて、フランス文学がサルトルに至るように、三島は、『金閣寺』において悪の発生の起源をその生い立ちに求めるという実存主義的姿勢へと転回したのである。

しかし、後期サルトルが共産主義やソ連への信頼を不思議なほど手放さなかったのに対して、三島は、みずからの老いを感じながらも昭和40年代の家族の崩壊の原因を父権の崩壊と恋の観念に求め、その恋も含めて天皇が救済するというモチーフにとんぼ返りするのである。

が、老いのテーマがもう一つの晩年の三島の主題であった。それは、『天人五衰』をみれば明らかであるが、その老いこそが三島をして「自意識文学」をつまらないものとして廃棄させようとするに至るのである。それは、あたかも、自我である『金閣寺』を抹殺する主人公と同じように、あらゆる虚しさの根源である肉体を抹殺させるに至るのである。肉体性を、社会性の中に位置づけることをなし得ずに、肉体性のまま露出させた三島は、しかしながら、その死までもが非政治的であるとみずから規定しつつも、一つの日本軍国化への再考をうながしたという点において、日常的な右翼のありきたりのパターンをまとって死んだのである。それは、昭和ヒトケタ世代のだれでも感じる苛立ちとそう遠くないところにあった。しかし、「民主主義」は、天皇制と同じように生きる支えにならない、外的政治的システムであると、人々に戦後のキャッチフレーズの虚しさを感じさせたのも三島であった。

肉体とエクリチュールの間

『絹と明察』において、三島が、イロニーの浮遊に疲れ出したのではないかと指摘したのは、野口武彦であった。つまり、日本的経営者の独りよがりな経営を批判しつつも、それにかわる理念がないことに焦りだしたのである。三島が、東大法学部で学んだのが独法学であることは、注意を要するであろう。天皇がプロイセン国家の絶対君主を真似たように、天皇自体の持つ倫理的非中立性を、三島は新たに文化的非中立性にかえてこまざわにかわる理念としようと思ったのである。しかしながら自己が価値規範を作り出すものになることは、構造上できないはずである。なぜなら、あくまで価値というものは、社会に内在しているものであり、たとえば自分がこの机を100万円だと思い込もうとも、売りという過程において10万になることがあるように、三島がいくら天皇を非売品としてアプリオリに価値のあるものと見なそうとしても、それに値段をつけるのは社会なのである。この社会との交通により自己の値段を調節することほど、三島にとって苦手なものは無かった。むしろ、そのことが文学的モチーフとなっていたとさえいえる。たとえば、『金閣寺』でどもりの僧がでてくるが、このどもりこそ自己と他者の疎通の難しさを象徴的にあらわしているのであり、自己を社会の中に位置づけることの難しさを物語っているのである。

しかしながら、三島は、その現実的疎外を金閣寺とか肉体とか天皇という観念的疎外に置き換えるのである。はじめから行動を意図していない想像は父…母…子という幼児期への無限な退行を含むものであるが、ただ普通の幼児と三島の違うところは、いかに自己の想像の王国を築こうとも回収不可能な肉体としての実存が三島をおびやかすということである。神は、死んだという大日本帝国の死から、それを逆にエクリチュールの勝利として自我を二重化して『仮面の告白』を書いた三島は、スッポリと19世紀西欧の文学者とその感受性とを一にしていたが、20世紀中葉の大衆社会、スノビズム社会という文化状況において、逆に本質論的な秩序を求め出したのである。それが、文明論では文化的天皇に行き着くのであり、サド論ではカソリシズムに、あるいはその否定神学に行き着くのである。

彼の『サド侯爵夫人』のラストは、さながらいたずらし過ぎた子どもが母親に家にいれてもらえない様子を暗示している。が、芸術家は母にさえ拒まれることにより、不死の認識者として蘇るのである。しかしサド夫人に拒まれたサドの行方はどうなるのだろうか。昭和39年の『絹と明察』から、昭和42年の『サド侯爵夫人』のラストにおける認識者の孤立性は、三島自身が、ある根源的選択をしなければならない状況が、迫りつつあることを暗示しているのである。が、なぜ本質的選択が行われなければならないのだろうか。三島においては、現世でなにかの行動をおこすというよりも、なにかわざと本質的なものを見まいとする傾向が強い。三島における心理とは、フランス文学で習い覚えた心理を、アプリオリに天下り式に使うものであり、具体的経験の中から抽象したものではない。その点で彼は芥川に似ていたが、物語に対して芥川よりラフであったために、長編を書くことができたのである。それでは、三島の回避した本質的なものとは何であろうか。私見によれば、それは無意味がただ広がっているアモルフな大衆社会である。家族から出たあと、アモルフな大衆社会をそのまま描写すれば、西鶴らの江戸リアリズムと近いところにくるかもしれないが、三島の場合、自我はあくまでも、ドイツ観念論的なアプリオリとして防衛されたのである。三島は、心理主義を人間の魂の救済であるといっているが、その程度で明晰に処理しうる心理があったとしたらお笑いぐさといわねばならない。心理をこえた影こそが漱石を出口のない存在論的地獄に連れていったのであり、三島は、そのようなところまでいくと自己の趣味が壊れてしまうために、わざと、その他者との実存的関係を排除したのである。ある種の精神病者が自己の幻想を覚まされようとすると抵抗するように、三島は自己が価値であるときめたものにあくまで忠実に死に至る病を生きたのである。文化的天皇を、それほど崇拝するのならば、三島のやることは、源氏に匹敵する小説を書くことであったはずである。ところが、泉鏡花と違って氏の場合エクリチュールは、いかにデコラティブで、絢爛豪華であろうとも、そのエクリチュールとは別のところに思想があったのである。それは、いかなる物からも滑稽さを浮き彫りにし相対化し美のみをとり出すというものであるが、この美というのには保留を要する。小林秀雄と『金閣寺』で対談したように、氏における美とは、むしろ、固定観念でありフェティッシュな自己なのだ。人間は、いつも他人との関係の中で生きているわけではなく、自己としての自己に生きている場合があるが、まさにこれこそ社会が一番必要としないものなのである。社会は、他者化した自己を必要としているだけであり、文学においてすら例外でないのだ。ところが、実存主義文学以降自我としての自己の選択が問題になってきたのであり、その中には、意識存在としての自己が肉体存在としての自己に収斂してしまう……すなわち意識を無化してしまうというモチーフも可能なのであり、バタイユ、三島は、それをやったのである。フェティッシュな自我こそ社会のもっとも必要としないものなのだがもっとも個人に快楽を、あたえるものでもあるのだ。『金閣寺』は、ジュネほどではないが、一種のオナニー小説といった趣がある。

が、人は、オナニーだけで生きていけるわけではない。オナニストが、外化されたフェティッシュを欲しがるとき、それがさまざまなシンボルに変容されるのである。その意味で、三島がいくら深刻なふりをしようとも、文化天皇論はコピーされデフォルメされる危険があり、またそれは、避けようのないことなのだ。

なぜなら、いくら2・26事件や特攻隊を美化しようとも、美化している人は死んでいるわけではないのだから、実は美化する資格すらないのである。しょせん文学も世の生業であり、死というモチーフも一つのメタファーにすぎないのだ。

しかし、文学世界において、三島はそれをなしとげたし、近代文学がながらく忘れていたカタルシスを文学世界にもたらしたのである。それは、しかしながら、天皇制はおろか、市民社会すら打ち壊すような破壊的なものだったのである。そのようなことをしておいてしかるのちに自己の居心地のよい秩序を、欲するというのは、あまりにも虫がよいと言わねばならない。サドもヒットラーも、三島は、パラノイア的な裸の王様としてとらえたが、そのスポーツ根性的な日本文化論は、逆に大衆社会化への拍車をかけたのである。なぜなら三島の小説は、すべてなにかのコピーで成り立っており、その自我の自信は、氏の嫌悪していた大衆社会によって成り立っていたからである。天皇という固定観念に、三島はなんでも自己の都合の良いものをいれることができる。父なる天皇は、無限に子たる三島をあまやかしつづけ、そのルソー的王国の中で三島は芸術家なのだ。だが一歩象徴界に足を踏み入れると、事態は一変する。自己完結的な氏の小説と違い、政治の世界は三島をなにものとも思わない。そしてそれに反比例して、いわば、反動形成として異常に、自我の幻想がふくれあがる。幻想を、小説という形態で他人にくわせていた三島は、今度は、肉体をかけて他人に幻想をくわせようとする。これは、さながら、軽い薬ではきかない麻薬患者がエスカレートしていって最後にドカンと最高の快楽を味わって死ぬのに似ている。人々は、昭和45年11月25日にその劇の終末を、見ることになったのだ。

新井仁史の短冊

新井竹子

新井仁史の短冊　1

仁史は、四十代半ばあたりから短冊大の用紙にその時々に思いついたことを書いておくことを習慣としていた。たまってきたので私も見せてもらい、図書館情報大学名誉教授の〝竹内悊《さとる》先生〟にも見ていただいたところ、共感するもの、なるほどと思うものにしるしをつけてくださった。

短冊は多量にあるので、私の共感するものなども併せて紹介していく。

・ある書物について感動のしっぱなしは良くない。むしろはつらつたる精神をもってその書物に対していろいろ問いかけをなすべきである。それこそが、批判的創造精神というべきだ。

これには、竹内先生も共感のしるしをつけてくださっている。私もなるほどと思う。このごろは、印刷本で読むという読書をする人は少なくなっているが、書物による読書も残り続けることを私は望んでいる。

「読書して問いかける」とはよい言い方である。「読書ノート」など用意して真面目だった時代もあった私だが、今は読みっぱなし。

次にあげたいのは言われてみればそうだなという短冊。

・自分のものの見方、考え方をとりあえずかっこにいれてみて、それ以外の考え方も可能ではないかどうか検証すること。これが独断からのがれうる道であろう。

独断的な物言いを長くやってきたから彼は気が付いたのだろう。これは確かに独断から逃れる道だろう。しかし、このようにはなかなか出来るものではない。政治家たちもたまにはこのような態度での政治議論をして欲しいもの。
そしてまた彼は、次の短冊へと進む。

・自分の考えていることは、誰にもわからないとかつての私は思っていた。しかし、こうコペルニクス的転換をしてみたらどうだろう。即ち、私の考えていることはすべての人々にわかられていると。

そう、こう考えた方が、連帯が拡がるのではないだろうか。彼はまた、別の日に短冊にしたためている。

・直したくてもなおせないのが個性というもので、わがままとそれほど違うものではないのかもしれぬ。

これを見た時、私はぎょっとした。私たちが個性を大切なことのように捉えていたことは、あるいはわがままを助長していたことにならないのかと思ったりして…。

新井仁史の短冊　2

仁史という人間は、時々面白いことを言う。次の短冊の後半がそれである。

・人は自分の器にあった生き方をすべきであろう。しかし、気がついた時に器が壊れて水がもれていたらどうしよう。

さて、これはどんなことを言っているのであろうか。「器が壊れている」というのを考えてみるに、自分で自分の器が見えないということではないだろうか。すなわち自分の得手・不得手・興味のあること。好きで好きでたまらないことなどがみつからない状態。こんな状態を器が壊れていると言えるのではないだろうか。好きで好きでたまらないことを持っている場合は、器が壊れていないということだろう。じき百歳を迎えようとしている画家の堀文子さんは、器が壊れていない人だったのだ。ところが、堀さんのように生まれながらにして好きで好きでたまらないものを持っている人というのは稀である。

・自立と孤立は異なっている。孤立した人間は他人のことに無頓着だが自立した人間は自分が他人のおかげをこうむっていることを片時も忘れない。

これはなんと真面目な言い方であることか。彼が孤立していたので、真剣に考えて、このような論に至ったのだろう。自らは実践できていなくても、考えることは真面目だというのが彼の変わったところ。

彼は受験戦争の勝利者であった。それだからこそ次のように書いている。

・「生徒を再び戦場におくるな」という信念を持った老教師がいたが、私の世代ではこう言い換えなければならない。「生徒を再び受験戦争におくるな」

スウェーデンの学校では、義務教育段階では通知表さえ出していないという。スウェーデンの小学校を訪《と》うたことがあるが、本当に少人数でクラス編成が成されていた。そこには日本の折り紙などが持ち込まれていて、楽しく学んでいた。日本では先生方が超多忙で、過労死状態と言われている。そんな中に全国学力テストも持ち込まれているのだから、子どもの健全な発達はおぼつかないだろう。「再び受験戦争におくるな」は切実な叫びである。

教育現場についての短冊もある。

・教育現場が正当な知識と伝統を伝授する場でなくて、子どもや親が自己愛を競いあうギャンブルのようになってしまった。目的と手段を取り違えることにより、学識も神のように求められ出したことが文京区音羽の殺人事件の背景にあると思う。

新井仁史の短冊　3

仁史は芸術全般にわたって関心があった。音楽・絵画などをよく聴き、見ていた。そこでの気づき。

・傑作は何度見ても傑作だ。それは人間性のある本質が新しい時代の意匠をまといいつも提示されているからだろう。人間性の赤裸々な提示はある意味で、えせ道徳や常識をはるかに凌駕するものだ。

このことは私たち短歌創作をしている者にとっても参考になる短冊だと思う。次もまた、文章を綴る人、絵画を成す人たちに検討してもらいたい。

・エドガー・アラン・ポーが、私に教えてくれたことは言語表現とは一つの驚愕ということであり、ゴッホが私に教えてくれたことは色彩も驚愕であるということだ。

こういうことと合わせて、世の中の動きなどを見ていて、短冊化していた。そのいくつかを紹介する。

・マスコミが追求する〝時代〟とはそのときどきの社会風俗である。

・人間性の本性に根づかないものは一度ブームになってもじきにすたれるであろう。

これに続けて、次の「　」内のようなものがあるが、これについては、私も判断しかねるが、話題として話してみるのもいいだろう。

「もしかしたら、〝民主主義〟なんていうのもすたれるかもしれない。人間性の本性とは意外に権威に頭を下げたがるものなのかもしれない。」

そこで彼は、次のように短冊する。

・真に人間的な生活とは、未来に向かっての健全な希望をもてる状態である。

ここに到達するためには自らをどのように鍛えたらよいかとして、

・自分の器量にあった勉強・仕事の方法を確立しよう。さもないと爆発してしまう。

感情面を出来るだけ言語化すること。他人のまねは自己表現をそこねるだけだ。

最後のことは優れた素質を持つ者にあてはまることではないか。一般人には厳しすぎる。

今日、皇室のことが話題となっているが、次のような短冊を見つけて、私もなるほどと思う。このようなことは歌人・坪野哲久も言っていたのを思い出す。

・皇室が廃止されることによって真の人間らしさをとりもどすのは、日本国民ではなくて、天皇や皇太子、そして皇太子妃なのかもしれない。

現代社会を見ていて、彼が言う次のことも参考になるだろう。

・今、だれが一番悪人であるかということを考えた場合、意外にも政治家や搾取している経営者ではなく、メディアでかっこよさそうなことを言っているマスコミ関係者なのかもしれない。

新井仁史の短冊　4

・物事を根元的に考えないと損をしてしまうことがある。土地の値段とは何かを根元的に考えればバブルで破滅することもなかった実業家も多かったはずだ。根元のフィロソフィーを確立することが必要だ。

こういうことも過ぎてしまってからであれば、なるほどと言うことになるが、〝転ばぬ先の杖〟はなかなかに難しい。

・ハードウエアがどう変化しようと心の問題はすべて古代人や近世人と同じである。いや、人は入り口は模範的でもそれを極めようとするとき、その苦悩の中で伝統の様式にしか安定性のないことに気がつくだろう。

これは彼が現代をしっかり生きようと精進する中で発見したことである。

彼は常に考えているが、時々面白いことを考える。次がそれ。

・デカルトは「我思う、ゆえに我あり」と言った。しかし、私は思うのだが、我々はいつも考えているわけではない。それで、「我ときどき考えない。故に我ときどき存在しない」という哲学が可能であろうか。

これはまあことばの遊びとでもいえようか。

オウム事件についても週刊誌を含めいろいろなものを読み、気がついたことを語っていた。それで、まとめたのが次である。

・オウムに走った人達は一度自由のアノミー状態の虚しさを体験したから自分の人生に秩序立った規範を求めたいと思った人が多いのではないか。つまり、フロムのいうところの『自由からの逃走』の演習問題のような事件だった。

これに関わって、『広辞苑』で、フロムを引いて私は学んだ。『自由からの逃走』を読んでみたら、もっと深く学べるかも。次に見つけた短冊に改めて「そうなのか」と思って繰り返し読んでいる。

・悪人とは、物の見方、考え方だけでなく感じ方まで変化してしまった人間のことだ。彼らは他人が笑うところを怒り、他人が怒るところで笑うのだ。生理的なものにまで変化の及んだ人間……これを変態と呼ぶ。

このような人に私は会ったことがないから想像もつかない。あわせて、不思議な提案短冊を紹介。

・十年ぐらい前に『ユダヤがわかると世界がわかる』という本があったが、〝やくざがわかると、日本がわかる……〟というテーゼもなりたつのではないか。本音的なものを言語化してわからせることが教育には必要だ。

新井仁史の短冊　5

短冊の中に次を見つけて、あまりにもはっきりとした言い方に私はドキッとし、なるほどと思ったりした。

・近代教育学のはらむ抑圧構造がここにきて少年犯罪という形で露呈してきているのではないか。近代教育の隠しておきたい秘密は国家に有効な人間のみを選抜する機関だということであり、それにビビッと気づいた生徒が反逆する。

このように言ってしまえば、簡単明瞭ともいえるが、実際の授業の中では簡単にはいかない。教材を材料にしながら、それぞれにあった課題をていねいに取り組む中で、人格の完成を目指して励んできたのである。〝国家に有効な人間づくり〟をやっていたのではない。そこに教師それぞれのやり方があったわけである。この短冊には私なりの言い分もある。

・ひとりよがりを個性と勘違いしてもてはやす戦後教育は終焉を迎えん。

さてこのことは、どうなのだろう。「あなたはあなたのままでいい」と言う言い方には、個性を大切にが含まれている。このあたり私も戸惑ってきたが、真の個性というものはやたらにあるものではなく、個性を生かして生きられる人というのは稀だろう。このあたり我々も改めて考えてみる要があるだろう。

もう一つ彼の短冊から考えさせられるものがある。

・抹消神経的な文明の利器の発達はこれからも続くかもしれないが、人間の精神はむしろ祖先がえりをはじめるのではないだろうか。行き過ぎた個人主義のもたらす殺人は集団主義によって救済されるかも。

これはなかなかに難しい課題である。考えてみなければならない。

彼の短冊は、その時々に気付いたことを書いているから、単なる思いつきのようでもあるが、いやいやなるほどという感じもある。それらのいくつかをあげてみる。

・人はみな自分の学力・性格・育ちにあった経験しかしないものだ。もしかしたら外部に触発されて経験していると思われたものも、自分自身の内部にあったものが暗がりから明るみにひき出されただけなのかもしれない。

・松本清張は昭和の西鶴であり、渡辺淳一は平成の近松門左衛門である。そして三島由紀夫は昭和の大石内蔵助だったらしい。

・リルケはマックスウェーバーを「最後のヨーロッパ人」であると褒めているが、三島由紀夫は「最後の日本人」になろうとしたのではないか。

こういう短冊を、生きることの参考にしてくれる人があるだろうか。

新井仁史の短冊　6

新井仁史の書く事はすぐに「そうだね」と思うこともあるが、「ほんとうにそうなのだろうか」と疑うようなことも頻繁にある。それは私の学習不足のためであるかもしれないのだが……。今回のは疑いもある文が中心である。

・明治以来のマスコミの発達は民衆たちのスノビスムを増大させたという負の役割をはたしていたかのように思われる。つまり自分たちの住む場所、やる仕事以外にももっとリッチでかっこいい生活があると人々に思わせることである。しかし、それらは優れた作品の中にしかないのではないか。

これは彼自らの反省であるのかもしれない。次もまた「そうかなあ」と思う言い方である。

・犯罪者が犯罪を犯すまでには長い道のりがある。よく気をつけてみればその徴候はずっと以前から準備されていたものなのだ。オウムが〝空中浮遊〟を信じたということはニュートンに逆らったということであり、それは、人間の伝統や文化に逆らったということになる。

卒業論文にマルクスをやっていた彼であるから次のように言えるのか。

・マルクスのいう〝巨大な上部構造〟とは、キリストの言う〝白く塗りたる壁〟のことだ。それは、銀行・教授・政治家たちのことを示している。それらが、庶民の労働に寄与する虫であることが今、この超デフレの中であばかれようとしている。

次は、なるほどと思うこと。

・犯罪は、集団から離反した心の形成によって徐々に育まれつつあるのだ。そのメカニズムを科学的に明らかにすることは犯罪防止に役立つだろう。

新井仁史はなんといっても、真実に生きることを願っていた。人を観察する力に敏感だった。だから、本物の人を探し続けていたとも言える。そこで彼が示した短冊。

・世の中きれいごとでは生きられないと人は言うが、きれいごとは残さなければならない。いやむしろ、きれいごとは創り出すべきものなのだ。創るとは倫理的な営為なのだ。

これこそ彼の本音なのだ。「きれいごとを創り出して生きたい」なんと切ない叫びであろうか。この叫びをそのままに受け取ってくれる人はなかなかにみつからなかった。

このように望みながら、一生懸命生きていて、彼は見た。そして短冊に残した。

・理想に燃え民主主義を語り継ぐというけれど、マスコミで有名になりたいだけのような人も多い。

おっとこれはタブーではないか。

新井仁史の短冊　7

人間について考えるのが好きな彼は人間に関わる短冊が時々出て来る。それらを読むと、改めて私も人間について考えてみたくなる。

・人間は社会的・心理的・生理的の三層構造によってつくられているのではないか。すなわち、社会的存在としての不安が心理的不安を呼び起こす。それがひいては生理的不安を引き起こし自我の崩壊へと至るといえないか。

そうかなあとも思うが、これは難しい理屈で、議論を要することだろう。
しかし、こうした論があれば、現代青年の状況を考える材料にはなるだろう。次の言い方も、すぐには了解しがたいようだが、一つの視点としては考えて見てもいいだろう。

・自分を類型からのがれうると考えるものは、悪しき個人主義の幻想にとりつかれているにすぎない。人は類型を演ぜざるをえないし、その中で死ぬのだ。むしろ自己のめいめいが生き生きとした類型を典型にまで高めるべきだ。

〝類型を典型〟にとは、すごい発見ではないか。このような視点も大切だと私も思ってしまう。次に私がハッとさせられた短冊を。

・戦後民主主義の中で危険なものの一つは他者に対する恐れを欠如させたことだと思う。「人間、悪い人はいない」とか言って人種の違う集団に所属すると怪我をする。

これは、彼が自らこのように判断したことであって、民主主義の問題ではないのかもと私は思う。

人間に関わることといえば、次をみつけて、「そういえばそうかなあ」と思った。

・ストーカーとはなにか。女に対する距離の取り方の失敗のプロセスではないか。ストーカーは特定の女にあこがれているが、普通二十歳を過ぎれば、そのようなあこがれは具体的人間関係の中で消滅するはずである。

こう書かれてみればそうだろうが、実際のこととなると、理屈では解決できないだろう。

文化の誕生ということにも、彼は気をまわしていた。次がそれで、これはすでに多くの方が言っていることでもあるだろう。

・鎌倉時代に新興宗教がはやったのは、文化の変動により、百姓などにも文字がいきわたったからだ。今日においても〝インテリ的思考様式〟に〝死〟がくだされて、権力のない者同士でのメールのやりとりがあり、そこから新たな庶民文化が生まれる可能性がある。

　ことさらに新しいことを言っているわけでもないが、彼は彼なりの本気で書いている。

新井仁史の短冊　8

宗教についても、よく研究していた彼の短冊に次がある。これはずいぶんきっぱりとした言い方ではないか。

・宗教とは〝弁慶の泣き所〟を刺激して人を不安におとしいれ、偶像を崇拝させるようにするサギである。高級な宗教者も畢竟するに有能なセールスマンにすぎない。

駅前に人々が入れ代りながら毎日立って宣伝している宗教団体があるが、このように判断している人が増えてしまったら、埒があかないだろう。

文化についても厳しく判断している短冊がある。

・ハイカルチャーとローカルチャーとの違いは何か。ローカルチャーは刹那的であり、あおりである。それに対してハイカルチャーは本質的であり、深くものごとに傷つくデリケートな感受性とひまが必要なのではないか。

ハイカルチャーが一般の人々の中に広まるような社会は、未来社会にしかないともいえるだろう。次に見つけた短冊には、考えさせられる。

・逆恨みこそ犯罪の原点だ。自分が能力がなくて馬鹿にされるのを「ちくしょう」と思うことから、ルサンチマンがはじまる。〝人間平等〟という浅はかなヒューマニズムがはびこるほどそれと現実とのギャップが犯罪を呼び起こす。

これは〝人間平等〟だと育てられた者であるからこそ言えるのではないか。もし、差別に溢れている中で育てられたとしたら、それこそ犯罪の原因になるかもしれない。

そのことを思うと〝人間平等〟で育てられた方が被害は少ないだろう。次に見つけた短冊には、ちょっと考えさせられる。

・現代において人々が新しいユートピアを夢見たとしてもそれはオウムと同じでよりカタストロフィを生ぜざるを得ないだろう。夢みないことこそ現代を生きのびるKEYなのだ。

さて、これはどうだろうか。科学的にしっかりと考え出された夢ならば夢みることもいいことなのではないだろうか。では、次の短冊はどうだろうか。

・真に人間的な生活とは、未来に向かって健全な希望を持てる状態である。空想的な目標をかかげることは、ファシズムか、ニヒリズムに通じる。しかし、どこまでが空想的目標であり、どこまでが現実的目標なのだろうか。

短冊は切りがなくある。「そうそう」と思えるものをいくつかあげておく。

・ピンチを自己の人生に活かしうるのは、強い精神力を持った者のみだ。人間は自然に生きているのではない。逆境をのりこえる時に真の精神力が問われる。

・「オウムのふり見て我が身をなおせ」これを自戒のことばにしよう。

新井仁史の短冊　9

バブルの崩壊のことについても彼は短冊してある。

・バブルの崩壊はその原因の一つに「世の中もちつもたれつ」という温情を美徳という日本的な精神風土が無責任体系を累積させたという点にあると思う。つまり、ダメな企業も切り捨てられない。母親がわりという銀行の役割。

こんな感じのことはすでに言われていたように思う。

次の短冊は随分恣意的な感じもするが、取り上げておく。

・大衆小説に感動する人間は必ず堕落するだろう。大衆小説こそ人々にくだらない野心をおこさせ、ものごとの真実をみせなくさせる元凶だ。オウムの行為は大衆小説だったのであり、フローベルの『マダム・ボバリー』は大衆小説批判であったのだ。

小説についての意見はいくつもあり次のような短冊も見つかった。

・犯罪を小説化したりノンフィクションにするのは面白い試みではあるが、やはり〝興味本位のきわもの〟をのがれられない。問題はどうすればその犯罪者は、犯罪者にならずにすんだかまで考えることだ。

こんな調子でありながら、もっと大きなことにも目を向けるのが彼らしい。

・〝資本主義〟ということばは死語と化そうとしている。むしろ市場化路線へということばがポピュラーになりつつある。王政打倒から市場化への移行……。

こんなところに〝フランス革命〟を結びつけるとは、なかなかだともいえようか。最後の方にみつけた、ちょっと不思議な短冊がある。

・戦争に限らず、時代の中には人を破滅にいざなう暗い熱狂的な部分が存在する。そこからのがれるには、自分だけさめているというのではなく、とりあえず、その熱狂に身をゆだねてみることだ。

また彼は言う。

・マスコミが規定した問題の枠ぐみで自我がうごくのは危険なことだ。むしろ、マスコミの問題設定とは別のところで新しい時代の精神が胎動していると考えるべきだろう。

「当たり前でしょう」と言いたい。このように進んできて、彼が到達したのは、次の短冊である。

・弱者にも弱者の言い分を聞きながら厚生システムのととのった世界が来て、理想社会の完成だ。

あとがき

仁史はいつも真っすぐに生きている
まわりの人々を信じて
自らが要求することはしない
両親が教員だったから
学校の先生を信じていた
中学になると入試テストが大好きで
偏差値七五を連続でとった
しかし、そればかりに集中するのではなく
読書もしっかりやっていた

新井竹子

読書でつけた力は独特な書く力へとつながった

そのつながりがここに出来た文章である
〝マルクスの思想〟
これを読んでくださった鎌倉孝夫先生が
一定の評価をしてくださった
これでもう充分と思った母だったが……

この先には書くことの出来ない仁史を思うと
そのままにしたくなかった
その思いが高まってこの冊子へと
つながった

二年前　もし仁史のいのちが失せていたら
このようなことは出来なかったろう

仁史には今もこの出版を
喜ぶ力がある
だから　造る気になった
これが母の愛

このいのちへ心を寄せて
読んでみようという方が
あってほしいと祈る私

著者プロフィール

新井　仁史（あらい　ひとし）

1961年　埼玉県生まれ
1974年　坂戸市立坂戸小学校卒業
1977年　坂戸市立坂戸中学校卒業
1980年　埼玉県立浦和高等学校卒業
1984年　早稲田大学政経学部経済学科卒業
1984年　NCB 英会話教習所終了
2008年　『文藝さかど』34号掲載の歴史随想“マラソンでめぐる坂戸市”が、文藝さかど賞を受賞
将棋 2 級認定証あり
職業は塾講師など

著作
『マラソンでめぐる坂戸市』2018年刊　わかば印刷

新井　竹子（あらい　たけこ）

1935年埼玉県生まれ
1989年 3 月まで　埼玉県立坂戸ろう学校教諭
1981年　障害児・者を励ます歌入選
葭子短歌賞 3 回
朝日新聞『折々のうた』短歌掲載

著作
詩集『100かぞえたら　さあさがそ』草炎社発行
『手話でこんにちは』草土文化発行
詩集『あいうえお』たんぽぽ出版発行
その他

マルクス、三島由紀夫、そして新井仁史

2019年9月15日　初版第1刷発行

著　者　新井 仁史
　　　　新井 竹子
発行者　瓜谷 綱延
発行所　株式会社文芸社
　　　　〒160-0022　東京都新宿区新宿1－10－1
　　　　　　　　　　電話　03-5369-3060（代表）
　　　　　　　　　　　　　03-5369-2299（販売）

印刷所　株式会社フクイン

© Hitoshi Arai, Takeko Arai 2019 Printed in Japan
乱丁本・落丁本はお手数ですが小社販売部宛にお送りください。
送料小社負担にてお取り替えいたします。
本書の一部、あるいは全部を無断で複写・複製・転載・放映、データ配信する
ことは、法律で認められた場合を除き、著作権の侵害となります。
ISBN978-4-286-20870-1